Alessandro Rappazzo

Vorsprung durch Leadership
Modernes Leadership in der Armee

Vorsprung durch Leadership

—

Modernes Leadership in der Armee

Alessandro Rappazzo

2017

Carola Hartmann Miles-Verlag

Bibliografische Information der Deutschen Nationalbibliothek

Die Deutsche Nationalbibliothek verzeichnet diese Publikation in der Deutschen Nationalbibliografie; detaillierte bibliografische Daten sind im Internet über www.dnb.de abrufbar.

© 2017 Carola Hartmann Miles-Verlag

www.miles-verlag.jimdo.com

email: miles-verlag@t-online.de

Herstellung: Books on Demand, Norderstedt

Printed in Germany

ISBN 978-3-945861-49-3

Vorwort von Brigadier Thomas Süssli

Stehen Sie in einer grossen Buchhandlung vor dem Regal zum Thema „Management", sehen Sie sich mit einer riesigen und kreativen Vielfalt an Werken konfrontiert. Leadership inspiriert von Pinguinen, Fischverkäufern, Mäusen oder „dem einen Grad, welches Wasser zum Kochen bringt". Für diejenigen, die eher bodenständig bleiben wollen, gibt es die „150 Management Regeln" oder die Standardwerke von Drucker, Welch und Malik. Auf jedem Buchumschlag wird versprochen, dass genau jenes Buch dem persönlichen Erfolg der Führungskraft zum Durchbruch verhelfen wird.

Auf Social Media erscheinen in Gruppen und Beiträgen täglich Dutzende sinnstiftende und weise Beiträge zum Thema Leadership.

Leadership hat also Hochkonjunktur. Das ist gut so, vor allem für unser Land. Die Schweiz als Innovations-, Wissens- und Erfahrungsland braucht Leader, um in dieser VUCA-Welt Visionen für die Zukunft zu entwickeln und sie überzeugend zu vermitteln. Leader gewinnen die Herzen von Menschen, um sie zu bewegen und gemeinsame Ziele zu erreichen.

Die vielzitierte Generation Y mag über viele Eigenschaften verfügen, eine ist jedoch ausgeprägt: die Frage nach dem Sinn. Die Millennials wollen verstehen, wofür sie ihre Lebenszeit investieren. Sie wollen sinnvolle Aufgaben und vor allem wollen sie gebraucht werden. Eine grosse Herausforderung für uns, die aktuelle Generation von Managern, die gewohnt ist, transaktional und über „Management by Objectives" zu führen. Eine Herausforderung, weil neue Anreize, ein neues Verhalten als Leader und eine stärkere Wahrnehmung der individuellen Persönlichkeit unserer Mitarbeiter notwendig geworden ist.

Alessandro Rappazzo hat sich mit seinem Buch dem anspruchsvollen und breiten Thema Leadership angenommen. Er liess sich bei seiner Analyse der aktuellen und modernen Techniken, Methoden und Praktiken jedoch nie vom wichtigsten Inhalt der Führung abbringen. Basierend auf seiner grossen Erfahrung als militärischer Leader - ich habe ihn als Truppenkommandanten und wahren „Troupier" selber erlebt - wählt er aus der Sicht des Praktikers aus der Unzahl erwähnter Werkzeuge diejenigen aus, die sich bewähren, und gruppiert sie um das Zentrum der Führung: die Menschen.

Damit leistet der Autor einen wesentlichen Beitrag zu einer neuen Art der Führung: „Leadership by Purpose".

Brigadier Thomas Süssli, Januar 2017

Bemerkungen des Autors

Führung und Leadership sind zwei Begriffe, die während meines Lebens stets grosse Bedeutung gehabt haben. Als junger Pfadfinder übergaben mir meine Chefs die Verantwortung über eine Gruppe. Ein paar Jahre später führte ich als knapp 17-Jähriger mein erstes Sommerlager und trug dafür die volle Verantwortung. Die gleiche Herausforderung erwartete mich später im beruflichen sowie in militärischen Leben.

Leute zu führen, sie zu motivieren und zu bewegen, hat mich schon immer fasziniert. Meinen Vorgesetzten gegenüber hatte ich grosse Erwartungen, dass Sie ihre Führungsrolle als Vorbild vorleben. Ich wollte lernen, ich wollte mich verbessern. Aus diesem Grund war ich nicht immer beliebt. Was will diese Junge uns zeigen? Er muss seine Stufe bedenken... Selbstverständlich habe ich im Laufe meines Lebens auch Fehler gemacht.

Dieses Buch ist das Resultat meiner Lebenserfahrung mit ihren Höhen und Tiefen. Meine Weiterbildung an der HTW-Chur im Rahmen des Studiengangs *Executive Master of Business Administration* ermöglichte mir, auf eine Thematik vertieft einzugehen, zu reflektieren, mich mit Manchem zu konfrontieren. Seit Jahren sammle ich persönliche Führungserfahrungen. Seit Jahren lese ich Bücher über Management, Führung oder Leadership, doch haben allen guten Texte eine grosse Lücke: Sie behandeln nur die Theorie. Seit Jahren höre ich auch auf Kameraden, Unterstellten und Vorgesetzten. Mit diesem Buch, das praktisch meine These ist (der einzige Unterschied ist die Reduktion der Beilagen), möchte ich eine Facette des Leaderships anhand eines praktischen Beispiels aufzeigen. In Rahmen meiner Milizfunktion konnte ich meine Erfahrungen, meine Ideen und meine Visionen meinem Brigadekommandanten vorlegen und Teile meiner Arbeit in der Praxis lancieren bzw. teilweise umsetzen.

Der erste Teil des Buches ist theoretischen Ansätzen gewidmet. Das hat mich gezwungen, erneut über die Bedeutung des Leaderships zu reflektieren. Wo nötig, habe ich versucht, auch neue Wege einzuschlagen. Im zweiten Teil des Buches geht es darum, den Brigadekommandanten praktische Umsetzungsvarianten vorzuschlagen. Im letzten Teil beschäftige ich mich mit einer möglichen Umsetzung. Das ganze Buch ist nichts anderes als eine komplette militärische Aktionsplanung oder - mit zivilen Begriffen ausgedrückt - ein Projekt. Faszinierend und fördernd war, stets die auftauchenden Konsequenzen entweder in den Varianten, in der Umsetzungsplanung oder als Antrag zu berücksichtigen.

Ich bin heute ein bald fünfzigjähriger Berufsoffizier. Ich bin Oberstleutnant. Andere in meinem Alter sind entweder Oberst oder sogar Brigadiers. Lange Zeit habe ich aufgrund dieser Tatsache an mir gezweifelt. Was habe ich falsch gemacht? Ich habe im Durchschnitt alle vier Jahren eine Jobrotation gemacht, habe mich nie über den Standort beschwert, war neun Monate in einem amerikanischen College, war Kompaniekommandant, dann später in zwei Bataillonen Kommandant-Stellvertreter, anschliessend Bataillonskommandant. Und später war ich sogar Unterstabschef. Ich kann zweifellos eine positive Bilanz ziehen. Weniger erfreulich war teilweise meine Beziehung zu meinen Vorgesetzten. Ich bin eben eine temperamentvolle Persönlichkeit, die ab und zu kein Blatt vor dem Mund nimmt. Klar, ab und zu ist man frustriert. Mit der Zeit habe ich gelernt, besser mit dieser Situation umzugehen. Eine innere Ruhe ist langsam bei mir eingezogen.

„Vorsprung durch Leadership" ist somit nicht nur ein schönes Marketing-Motto, sondern auch eine Warnung oder ein Kompass, der uns zeigen will, wie wichtig es für Leader ist, nicht nur über die eigenen Führungseigenschaften zu reflektieren, sondern auch den guten Chef zu zwingen, über die künftigen Herausforderungen unserer Gesellschaft nachzudenken.

Alessandro Rappazzo, Januar 2017

Management Summary

Die vorliegende Master Thesis setzt sich mit dem heutigen und zukünftigen Leadership, insbesondere mit den sich diesbezüglich verändernden Anforderungen, auseinander. Es geht um ein Leadership, in dessen Mittelpunkt der Mensch und die Frage nach dem „Warum" stehen. Das „Wie" und das „Was" wird von den Beteiligten erst voll mitgetragen, wenn das „Warum" verinnerlicht und verstanden wurde. Die Master Thesis zeigt innovative Ansätze und moderne Methoden auf, damit junge, unerfahrene Führungskräfte von heute erfolgreiche Leader von morgen werden.

Die Arbeit geht den folgenden Fragen über ein zukünftiges Leadership nach:

- Welche Eigenschaften militärischer Führungskräfte begünstigen eine effiziente und effektive Armee?
- Welchen Beitrag und welche Nachhaltigkeit kann ein modernes und zielführendes Leadership leisten?
- Welche Veränderungen in der Führung und Ausbildung sind für ein modernes Leadership notwendig und welcher Mehrwert kann diesbezüglich in die zivile Führung transferiert werden?

Für die Situationsanalyse wird das Landschaftsmodell Leadership mit der VUCA-Welt kombiniert. Die unter anderem auf einer Forschungsumfrage des Autors basierende IST-Analyse und ihre Bewertung bilden die Grundlage für Lösungsvarianten. Daraus wird eine Empfehlung an den Kommandanten der Logistikbrigade 1 zu den drei Punkten Vision, Mission und Strategie abgeleitet.

Die Umsetzungsplanung versucht aufzuzeigen, welche konkreten Schritte angegangen werden müssen. Dabei wird die Differenzierung der militärischen und zivilen Ausbildung beleuchtet. Weiter werden organisationsrelevant die Pflege der ersten Stufe der Leadership-Bedürfnis-Pyramide sowie weitere Faktoren zur Erhöhung der Einsatzbereitschaft der Organisation beschrieben. Zum Schluss soll die Frage nach Strukturänderungen zur Effektivitätssteigerung beantwortet werden.

Der Autor kombiniert eine breit abgestützte Literatur mit einer aktuellen Forschungsumfrage und seiner persönlichen Führungserfahrung, um Führungskräften Verbesserungsmöglichkeiten im zivilen und militärischen Leadership aufzuzeigen.

Einführung

Ein Leader ist nicht nur an seinen Worten erkennbar,
sondern vor allem an seinem Handeln (Zitat Autor, 15.11.15)

Leadership ist ein komplexes Gebiet, das umstritten ist und bleibt. Was ist „richtiges" Leadership? Vorne weg, ich bin der Auffassung, dass jedes Zeitalter und jede Situation eine spezifische Art von Leadership braucht - einmal eher locker, einmal eher härter. Leadership ist von den Menschen geprägt und es ist eine Herausforderung, kontinuierlich die nächsten Generationen von Leadern vorzubereiten.

Ich bin seit meiner Jugend mit Leadership konfrontiert. Meine erste Aufgabe als Chef erhielt ich, als ich erst 14 Jahre alt war. Ich führte eine Pfadfinderpatrouille. Seitdem bin ich in meiner Rolle ständig gewachsen und habe Erfolge und Misserfolge erlebt. Je nach Situation ist man selbst Leader oder folgt solchen. Heute bin ich ein engagierter Berufsoffizier der Schweizer Armee und Milizoffizier bei der Logistikbrigade 1. Ich fühle mich in beiden Rollen geborgen und mache meinen Job gerne, sogar sehr gerne. Ich bin der Auffassung, dass die Philosophie der Auftragstaktik die entscheidende Voraussetzung ist, um Erfolg zu haben.

Leader bewegen Menschen mit Visionen und gehen vorne her. Leader geben uns einen Sinn vor, für welchen wir – auch unter Einsatz unseres Lebens – Leistungen erbringen. Sie sind Vorbilder und neigen dazu, ihre Schwächen nicht zu zeigen.

Die Gelegenheit, eine Thesis darüber zu schreiben, erweckte in mir den Willen, erneut über die Rolle des Leaderships zu reflektieren, um unter anderem die Vereinbarkeit zwischen privater Arbeitswelt und der Armee zu untersuchen. Ich bin der festen Überzeugung, dass die Armee und auch unsere Wirtschaft davon profitieren, wenn es uns gelingt, wieder erfolgreiche Leader zu formen. Werte, Kultur, Opfersinn, höhere Leistungen, Netzwerk und Sinnvermittlung sind einige Komponenten, welche Leadern erlauben, erfolgreich in unserer Gesellschaft zu bestehen.

Somit nehme ich gerne die Möglichkeit wahr, mein bescheidenes und persönliches Engagement zugunsten der Armee sowie auch der Ausbildung der künftigen Armee-Leader einzusetzen.

Inhalt

1 Einleitung

Die Armee und die Logistikbrigade 1 verfügen über eine solide Basis in der Führung, in der Gestaltung der Prozesse und in der Erarbeitung von Konzepten. Die Kader können analysieren, beurteilen, planen und entscheiden.

Die heutige Gesellschaft ist eine Gesellschaft des *Warums* (wie man später anhand der „Goldenen Kreise"[1] erfahren wird). Die Prozesse könnten jedoch klarer und wirksamer sein. Sowohl der Mensch als auch das Umfeld verändern sich ständig. Wer die Zeichen der Veränderung nicht akzeptiert oder wahrnimmt, hat keine Chance, längere Zeit erfolgreich zu sein. Die Kurzfristigkeit der Führung, das kurzfristige Erzielen von Erfolgen, ohne den Menschen genau zu berücksichtigen, kann über längere Zeit zu bösen Überraschungen führen. „Für augenblicklichen Gewinn verkaufe ich die Zukunft nicht", erklärte seinerzeit Werner von Siemens. Der Mensch stellt also die Zukunft dar. Seine *Soft Skills* können das *Warum* beantworten und zum Vorsprung durch Leadership führen.

1.1 Problemstellung

Leadership ist mehr als ein Wort. Das Leadership kann die Ergebnisse einer Organisation massgeblich beeinflussen. Eine Vernachlässigung würde einen stark negativen Einfluss auf die Organisation, wenn nicht den sicheren Untergang jeder Organisation, bedeuten.

Faszinierend und gleichzeitig herausfordernd ist die spezielle Art der Organisation, nämlich eine militärische Formation. Die Logistikbrigade 1 ist eine reine Milizorganisation, an deren Führung nur wenig Berufspersonal, das die Basisaufgaben erledigt, angestellt ist. Die Brigade stellt somit den roten Faden entlang dieser Thesis dar und ist repräsentativ für die Armee. Diese „Zwangsorganisation" (unser Milizsystem) weist mehrere Besonderheiten auf, unter anderem die hohe Fluktuation des Milizpersonals. Allerdings ist auch beim Berufsperso-

---

[1] Simon Sinek, *Partire dal perchè: come tutti i grandi leader sanno ispirare collaboratori e clienti* (Milano: FrancoAngeli, 2014).

nal (Kommandant und Stabschef) eine relativ kurze Ausübung der Funktion der Normalfall (im Durchschnitt 3 Jahre). Weitere Aspekte sind der kontinuierliche Wertewandel unserer Gesellschaft sowie die Bereitschaft und der Charakter des Leaderships.

1.2 Begründung der Themenwahl

Die Thesis soll dem Leser aufzeigen, dass eine Missachtung der Bedürfnisse des Leaderships die Einsatzbereitschaft beeinträchtigen kann. Die bereits heute spürbaren gesellschaftlichen Veränderungen setzen alle Leader unter einen besonderen Führungsdruck. Der Zweck dieser Arbeit ist es, neben der Absicht, die Einsatzbereitschaft zu erhöhen, allen beteiligten Kadern das Bewusstsein zu schärfen, dass die gesellschaftlichen Veränderungen vor allem die *Soft Skills* betrifft. Es soll ihnen zudem die Möglichkeit gegeben werden, sich anerkannte, wirksame und erfolgreiche Leader-Werkzeuge anzueignen. Um das Wesen dieser zielgerichteten Arbeit zu bewahren, wurde es als angemessen angesehen, den Umfang zu begrenzen. Erstens ist die Logistikbrigade 1 mit ihrer Grösse repräsentativ genug, um auch die Armee widerzuspiegeln und zweitens werden primär die sogenannten weichen Faktoren analysiert. Die Anpassung von Prozessen und Abläufen ist sekundär und dient nur dazu, die *Soft Skills* zu unterstützen. Drittens behandelt die Thesis das Leadership in der normalen Lage, da diese die Ausgangslage repräsentiert. Wenn eine Organisation im „courant normal" nicht fähig ist, wirksam zu sein, wird sie es in der Krisensituation vermutlich schwer haben. Viertens ist es nicht das Ziel dieser Arbeit, den Nutzen einer militärischen Ausbildung für die Wirtschaft zu untersuchen. Eine Studie[2] aus den Jahr 2007 hat den Mehrwert der militärischen Ausbildung bereits ausführlich erforscht. Es geht in der vorliegenden Thesis vielmehr darum, dem Leser gezielte Massnahmen für eine noch stärkere Akzeptanz der Wirtschaft gegenüber der Armee aufzuzeigen.

---

[2] Adrian Röthlisberger, «Nutzen der unteren militärischen Kaderausbildung für angehende Führungskräfte in der Wirtschaft» (Institut für Organisation und Personal der Universität Bern, August 2007).

1.3 Zielsetzungen

Das Ziel der Master Thesis ist die Erarbeitung eines Strategiepapiers „Modernes Leadership in der Armee". Es soll konkrete Vorschläge für die Implementierung eines modernen und zielführenden Leaderships in der Armee beinhalten, den Mehrwert für das zivile Umfeld aufzeigen und die aktuelle Einsatzbereitschaft der Logistikbrigade 1 erhöhen.

1.3.1 Thesen

Im Rahmen der Arbeit werden die folgenden Thesen überprüft:

- Wenn man Leistung will, muss der Sinn übermittelt werden. Der Sinn beinhaltet unteren anderem eine klare Vision, eine Richtung, und kann eine starke Verbindung zur Organisation generieren.
- Wenn der Sinn und ein forderndes bzw. glaubwürdiges Leadership gelebt werden, kann die Vereinbarkeit Zivil/Militär massgeblich profitieren.
- Um den Einsatz vor allem der Miliz zu erhöhen, ist modernes Leadership, das die verschiedenen Generationen von Menschen berücksichtigt, notwendig.
- Die Technologisierung der Gesellschaft hat Konsequenzen für das künftige Leadership.
- Unsere Führungskräfte sind für das VUCA (*volatility, uncertainty, complexity, ambiguity*)-Welt System geeignet.[3]
- Auftragstaktik ist trotz Technologisierung und unter Berücksichtigung eines komplexen Umfelds auch künftig möglich. Hierfür ist eine gesunde und von Toleranz geprägte Kritikkultur notwendig.

---

[3] VUCA zielt darauf ab, das nicht Erfassbare erfassbar zu machen, und steht für die Beschreibung der veränderten Rahmenbedingungen, unter denen heute Entscheidungen getroffen werden müssen. Thomas Wüllner, «Sind unsere Führungskräfte wirklich fit für VUCA?», Die Welt, 14. November 2014,
http://www.welt.de/wirtschaft/karriere/article134336464/Sind-unsere-Fuehrungskraefte-wirklich-fit-fuer-VUCA.html. (Stand 17.11.2015).

1.3.2 Fragestellung

- Welche Führungskräfte benötigt die Armee, um in den nächsten Jahren effektiver und effizienter zu werden?
- Welchen Beitrag kann ein modernes, zielführendes Leadership leisten?
- Welche Nachhaltigkeit kann das Leadership für die Führung erreichen?
- Welche Veränderungen in Führung und Ausbildung sind notwendig, um ein entsprechendes Leadership zu erreichen?
- Welches ist der Mehrwert für die zivile Führung, damit wieder vermehrt zivile Führungskräfte rekrutiert werden können?

1.4 Angewandte Vorgehensweisen

Für die Erarbeitung der Master Thesis wurden drei Vorgehensschritte gewählt. Die erste Methode ist die theoretische Forschung in Bezug auf die Thematik Leadership (Kapitel 2, 3, 5). Die zweite Methode besteht darin, mittels einer Umfrage (Kapitel 2) die Armee-Kader zu interviewen. Dieser Fragebogen trägt symbolisch „eine Brille in die Zukunft". Die dritte Methode hat mit der Führungserfahrung des Autors, der über 35 Jahre Leadership-Erfahrung sammeln konnte, zu tun.

Die Publikationen, die sich mit diesem Thema beschäftigen, sind sehr zahlreich. Das Ziel war somit, Publikationen die das Heute wiedergeben, und Publikationen, die das Morgen beleuchten, zu lesen. Selbstverständlich wurde Lektüre aus der Vergangenheit benötigt, um einen Vergleich ziehen zu können. Ausgewählte Social-Media-Beiträge oder Blogs haben die Analyse angereichert. Die Herkunft und die Sprachkenntnisse des Autors haben einen interessanten und breiten Horizont in der Frage der Literaturauswahl ergeben. Die Literatur umfasst italienische (IT), englische (USA, GB) und deutsche (DE, AUT) Texte.

1.5 Aufbau

Anhang 1 beschreibt konzeptionell das Vorgehen dieser Arbeit und zeigt die Parallelität zwischen einer Strategieplanung und einer militärischen Planung.[4] Das aktuelle Kapitel hat zum Ziel, den eigentlichen Sinn der Arbeit wiederzugeben.

Kapitel 2 beschreibt das zugrundeliegende Leadership-Modell (Abbildung 2-2). Weiter wird die Wichtigkeit der VUCA-Welt dargestellt. Die Analyse geht weiter mit der Beurteilung der Ergebnisse der Umfrage, die von zwei wesentlichen Generationen, und zwar die aus der Arbeitswelt langsam zurücktretende Generation X (1965-1980) und die heranwachsende Generation Y (1981-1995), geprägt sind. Das Ziel des Kapitels 1 ist somit, eine klare IST-Situation der Landschaft Leadership zu erfassen.

Kapitel 3 hat zum Ziel, mögliche Empfehlungsvarianten für den Auftraggeber zu erarbeiten. Um dies zu ermöglichen, werden die Trends analysiert. Eine Bedürfnispyramide (Abbildung 3-1) wird genutzt, um Qualität und Einsatzbereitschaft des Leaderships aufzuzeigen.

In Kapitel 4 wird eine Variante gewählt und eine mögliche Strategie festlegen, um im Kapitel 5 deren Umsetzung zu beschreiben. Als Varianten sind alle Möglichkeiten zu verstehen, die direkt durch den Kommandanten der Logistikbrigade 1 umgesetzt werden könnten. Die Elemente, die eine Bewilligung benötigen, sind als Alternativen aufgezeigt.

In Kapitel 5 geht es darum, konkrete Schritte zur Erhöhung der Einsatzbereitschaft darzustellen. Mit der Unterstützung der Konsequenzen-Liste (Anhang 7) werden verschiedene Schritte festgehalten.

Im letzten Kapitel werden die in Kapitel 1 gestellten Fragen endgültig beantwortet.

1.6 Fazit

Die Thesis bringt zwei vom Autor erarbeitete Modelle, das Landschaftsmodell Leadership (Abbildung 2-2) und die Leadership-Bedürfnis-Pyramide (Abbildung 3-1) zur Diskussion. Das erste Mo-

---

[4] Blau (Strategieanalyse / Beurteilung der Lage und Präsentation der Varianten), Grün (Strategieformulierung / Entschlussfassungsrapport), Rot (Strategieimplementierung / Planentwicklung, Befehlsgebung).

dell hat zum Zweck, das Leadership unter Berücksichtigung des aktuellen Umfelds zu umschreiben. Die Leadership-Pyramide hingegen hat zum Ziel, die Erfolgsfaktoren, die für die Einsatzbereitschaft von Bedeutung sind, zu messen.

Wir leben heute in einer komplexen und dynamischen Welt. Prozesse können uns unterstützen, sind aber ineffizient, wenn wir die wichtigsten Faktoren nicht reflektieren können. Die heutige Generation ist eine „*Warum-Generation*". Prozesse, Abläufe und sture Befehle werden nicht vollumfänglich mitgetragen, wenn wir das *Warum* nicht verkaufen können. Heute ist Motivation und Inspiration gefragt. Wer veränderungsresistent voranschreiten will, hat bereits verloren.

2 Situationsanalyse

Leadership zu definieren, ist nicht schwierig, sondern komplex. Die Komplexität besteht darin, dass es mehrere Interpretationen[5] gibt. Bereits bei der Übersetzung vom englischen zum deutschen Begriff entsteht die erste Hürde. Das Wort Leadership wird mit „Führung" übersetzt, jedoch mit Führung im weitesten Sinn.[6] Somit ist es vernünftig, in einer ersten Phase eine gemeinsame Begriffsklärung zu schaffen. Wer in der heutigen Welt bestehen will, sollte seinen Fokus auf die permanente Entwicklung der Gesellschaft richten. Das bedeutet, dass Leadership ein Produkt ist, das aus mehreren Variablen hervorgeht. Über die Zukunft zu sprechen und alte Muster zu brechen, fällt vielen Menschen schwer.

2.1 Besonderheiten von Leadership

2.1.1 Vorsprung durch Leadership

Stefan Kaduk beschreibt die Fähigkeiten, Muster zu brechen, wie folgt: „Weg von der Null-oder-Eins-/Richtig-oder-falsch-Logik und hin zu einem viel stärkeren Denken in Bandbreiten."[7] Gemeint sind die Fähigkeiten des Einzelnen, über ein bekanntes Vorgehen zum konkreten Vorgehen zu gelangen, also über *„think outside the box"* zu *„do something outside the box".* Adolph Freiherr Knigge rät den Menschen: „Lerne Widerspruch ertragen. Sei nicht kindisch eingenommen von deinen Meinungen."[8]

Der Kern der gesamten Thesis besteht darin, Personen freiwillig aus der Komfortzone zu holen, um neue Horizonte zuzulassen. „Vorsprung durch Leadership" ist somit der Versuch, alle Tendenzen der künftigen Leaderships zu antizipieren bzw. zu verstehen und sich

---

[5] Die Literatur verweist auf zahlreiche Meinungen über den Begriff Leadership.

[6] Führung: Gesamtheit der Führungsqualitäten
(Quelle: http://www.duden.de/rechtschreibung/Leadership), Stand 20.03.2016.

[7] Stefan Kaduk, «Musterbrecher: Buch und Film zu Führung und New Work», Saatkorn.com, 10. März 2016, https://www.saatkorn.com/13274-2/.

[8] http://aphorismen-archiv.de/index_z.php?id=34219. Stand 18.03.2016.

wirksam auf das Führen von Menschen vorzubereiten.

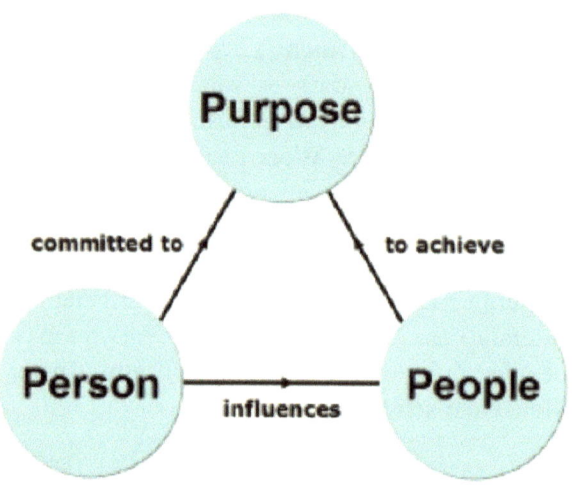

Abbildung 2-1: Definition of a Leader | Quelle: vtaide.com/gleanings/leader.htm

In den nachfolgenden Unterkapiteln geht es darum, eine gemeinsame Verständigung über die Ecken und Kanten von Leadership zu
schaffen. Brigadier Süssli beschreibt das Wechselspiel zwischen Leadership und Management mit den folgenden Worten: „Im Englischen
gibt es die Unterscheidung zwischen *Leadership* und *Management*. Der
Leader spricht das Herz an, er transportiert das Warum einer Mission
oder Aufgabe. Der Manager deckt dann meistens nur das ‚Was' ab.
Ein Manager sagt, was zu tun ist, ein guter Chef sagt, wie es zu tun ist,
aber ein Leader sagt, warum wir es tun.“[9] Der Theologe Alan's Gleanings beschreibt einen Leader wie folgt: „*A person who influences a group of
people towards the achievement of a goal.*“[10]

Die Abbildung 2-1 zeigt die Bedeutung seiner Aussage in einer ver-

---

[9] Aus einer privaten Korrespondenz zwischen dem Autor und Brigadier Süssli
Thomas vom 03.05.2015.
[10] Alan's Gleanings, «Definition of a Leader», Blog Vtaide Alan's Gleanings, Juli
2007, http://www.vtaide.com/gleanings/leader.htm.

ständlichen Art. Die Erklärung dient dazu, die menschliche Komponente zu verstehen, reicht aber nicht aus, um zu verstehen, in welchem Kontext der Mensch operiert. Diese Überlegungen finden sich entlang dieser Thesis wieder, wobei eine zusätzliche spannende Komponente dazukommt, nämlich die militärische Führung im Spannungsfeld der zivilen Führung.

2.1.2 Führungskräfte im Wandel der Zeit

Welche Gemeinsamkeiten haben Manager, Unternehmer, Bürochefs, Offiziere der Schweizer Armee, aber auch Pfarrer, Lehrpersonen oder Präsidenten (aller Arten)? Alle haben mit Führen zu tun. Um Erfolge zu erzielen oder grosse (zukünftige) Herausforderungen zu meistern, braucht man primär Vision, Wille, Kreativität und Mut. Hier sind Führungskräfte gefragt. Die Qualität der Führungskräfte basiert auf mehreren Faktoren, wie der Art ihrer Aufgaben und der Fähigkeit, mit verschiedenen Generationen effizient und effektiv zusammenzuarbeiten. Architekten, Lehrer, Physiker, Ökonomen, um nur ein paar Beispiele zu nennen, sind ausgezeichnete hypothetische Personen, die in ihren Fachgebieten glänzen. Sie können aber nicht a priori auch gleichzeitig wirksame Führungskräfte sein. Eine Führungskraft zu sein, ist für viele machbar, aber nicht für alle. Die meisten Führungskräfte können klare Analysen und kreatives Denken nur schwer vereinen.[11]

In der Literatur, in Fach-Blogs und in Zeitschriften hat das Thema Leadership an Bedeutung gewonnen. „Heutzutage werden Leute oftmals in Führungsaufgaben berufen ohne jegliche Vorbereitung", äusserten Dr. Cornelia Birta und Prof. Dr. Antoinette Weibel beim Vorstellen des neues CAS Next Generation Leadership an der HWZ (Hochschule für Wirtschaft Zürich).[12] Leadership, Leader, Manager,

---

[11] A. G. Lafley u. a., «Die Kunst der Strategieplanung», *Harvard Business Manager*, zugegriffen 10. Oktober 2015, http://www.harvardbusinessmanager.de/heft/d-88169682.html.

[12] Prof. Dr. Antoinette Weibel und Dr. Cornelia Birta, «Next Generation Leadership oder wie ich mit weniger Macht mehr erreiche», *Blog Hochschule für Wirtschaft Zürich (HWZ)*, März 2016, http://www.fh-hwz.ch/de/interview-weibel-birta.htm.

Unternehmer, Chefs, Führungskräfte, Personen und Umwelt sind Begriffe, die einer besonderen Beachtung bedürfen.

2.1.3 Die „Mir-nach, Marsch!-Philosophie"

Wie geführt wird, sei es hinsichtlich Qualität, Form oder Kontext, in dem man sich befindet, ist eine weitere Geschichte. Die Gesellschaft und ihre Tendenzen, die persönliche Ausbildung, die Lebenserfahrung, die berufliche Erfahrung, die auszuübende Führungsfunktion, aber auch die eigenen kulturellen und persönlichen Eigenschaften bzw. Hintergründe beeinflussen den Führungsstil (Umgang mit Mitarbeitenden) und die angewandte Führungstechnik (Arbeitsmethode). Das Bewusstsein über die eigenen Stärken bzw. Schwächen, den eigenen Führungsstil (oder auch Philosophie)[13], die Kenntnis von Führungsinstrumenten, das Wahrnehmen unabdingbarer Schlüsselelemente, wie das Personal, sowie eine klare Vision kennzeichnen Leadership.

„A good leader can take a team and accomplish things that no one believed was possible."[14] Die folgenden Worte von Maya Agelou beschreiben sehr gut, was Leader durch ihr eigenes Tun bewirken (oder nicht): *„People will forget what you said. People will forget what you did. But people will never forget how you made them feel."*[15]

Ohne Vertrauen und Respekt wird der „Möchtegern-Leader" bzw. der beförderte Fach-Leader (gemeint ist eine Beförderung, die nur durch die fachliche Kompetenz stattgefunden hat) früher oder später alleine dastehen. Ob man bereit ist, solchen Führungskräften auch in Krisen zu folgen, kann hier nicht beantwortet werden.

Selbstverständlich gibt es auch andere Faktoren, die Leadership beeinflussen, wie z.B. die Fähigkeit (und die Bereitschaft) zur Verände-

---

[13] In Anhang 2 ist ein Beispiel einer Führungsphilosophie zu finden. Der Inhalt wurde durch den Autor während der vier Kommandojahre im Dienst und ausserhalb des Dienstes gelebt.
[14] Mark Shead, «Leadership - How to Challenge an Organization», Blog Leadership501, März 2016,
http://www.leadership501.com/how-to-challenge-an-organization/5/.
[15] https://en.wikiquote.org/wiki/Maya_Angelou (Stand 18.03.2016).

rung, die Kritikfähigkeit, die Ehrlichkeit, die Integrität, die Bescheidenheit und die Glaubwürdigkeit. Es ist kaum vorstellbar, dass eine
Person alle Leadership-Anforderungen erfüllen kann. Leadership ist
somit mit einer langen Reise durch unaufgeklärte Wege vergleichbar,
die sich dank der Erfahrung entwickelt (in der Hoffnung, dass es eine
Evolution und keine Involution wird).

Zusammenfassend kann man sagen, dass Leadership die Summe
verschiedener Eigenschaften verschiedener Akteure ist und durch
Variablen wie Führungsebene, Umwelt[16] und Generationen geprägt
wird. (Die Relevanz dieser Wörter wird in einem späteren Kapitel
behandelt.)

2.1.4 Leadership-Modell

Das vorgeschlagene Leadership-Modell dient als Grundlage für die
Analysen in dieser Thesis. Es ist durch die Hauptelemente Führungs-
faktoren und dynamische *Faktoren* charakterisiert (Abbildung 2-2). Im
weiteren Verlauf dieser Arbeit wird das Modell mit „Landschaftsmodell Leadership" bezeichnet.

2.1.4.1 *Landschaftsmodell Leadership*

Das Schema beschreibt die Abhängigkeiten und das Verhältnis eines
möglichen Leadership-Verständnisses.

---

[16] Harald Hungenberg, Strategisches Management in Unternehmen: Ziele - Prozesse
- Verfahren, 8., aktualisierte Aufl., Lehrbuch (Wiesbaden: Springer Gabler, 2014),
88.

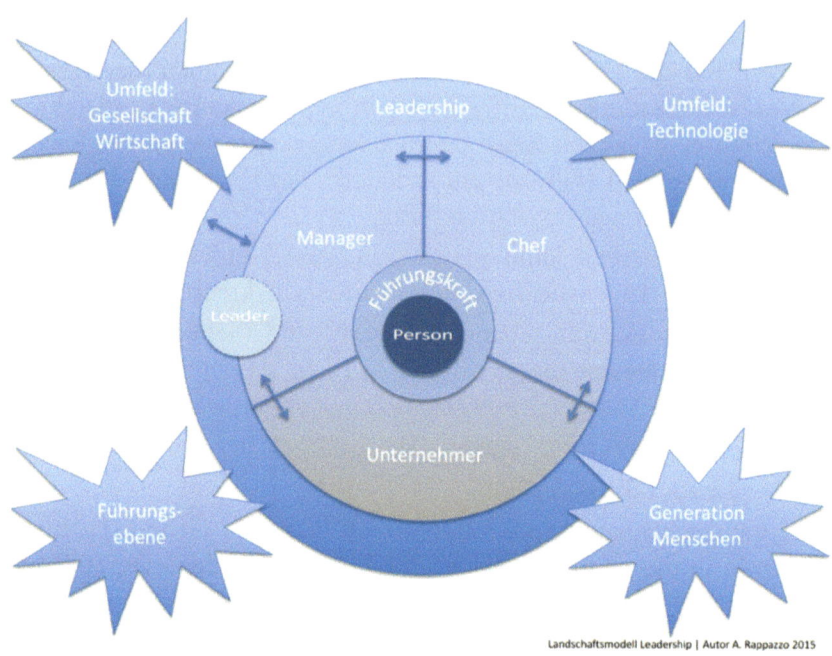

Landschaftsmodell Leadership | Autor A. Rappazzo 2015

Abbildung 2-2: Landschaftsmodell Leadership | Quelle: Autor

2.1.4.2 *Führungsfaktoren*

- Im Zentrum steht die Person. Jede Person ist individuell. Jede Person hat eine Geschichte. Kultur, Erfahrung, Ausbildung usw. prägen oder formen kontinuierlich die Persönlichkeit.

- Unter Führungskräften sind alle Personen gemeint, die in irgendeiner Form Führungstätigkeiten (privates Umfeld, Militär, Vereine, Politik usw.) ausüben. Nicht alle besitzen wirksame Führungsfähigkeiten. Führung ist in einer Art und Weise jedoch erlernbar.

- Auf den nächsten Ebenen finden sich drei spezifische Gruppen: Unternehmer[17], Manager und Chefs (auch klassische militärische Chefs). Jeder hat einen bestimmten Verantwortungsbereich und bestimmte Eigenschaften. Sie können sich gegenseitig ergänzen

---

[17] Definition: http://wirtschaftslexikon.gabler.de/Definition/unternehmer.html (Stand 17.03.2016).

oder als eigenständig betrachtet werden.

- Der äussere Ring ist die Summe aller Eigenschaften. Dieser Ring bezeichnet die Stärke des Leaderships. Leadership ist das Zusammenwirken mehrerer Elemente. Der Leader (Typ) geht eher den informellen Weg und lässt sich situationsgemäss in jeder Funktion finden. (Ein Vorgesetzter ist eher eine institutionelle Form, jedoch kann ein Leader sich auch auf einem informellen Weg formen bzw. charakterisieren.) Die Grösse der Leader-Kreise (sei es auf der informellen oder formellen Ebene) variiert aufgrund der Wirksamkeit der Persönlichkeit. Im Idealfall kommt der Leader gleichzeitig aus der informellen und formellen Form.

2.1.4.3 *Dynamische Faktoren*

Das Landschaftsmodell Leadership lässt sich an vier dynamischen Faktoren erkennen:

- Wirtschaft und Gesellschaft.
- Technologie.
- Generation Mensch.
- Führungsebene.

Diese sich stets ändernden Faktoren bestimmen schlussendlich die Art und Weise, wie Leadership ausgeübt, erlebt oder gelebt wird.

2.1.5 Das Landschaftsmodell als Fundament des analytischen Vorgehens

2.1.5.1 *Aussage, Erkenntnis und Konsequenzen (AEK)*

Aussage

- Leadership ist ein Begriff, der mehrere Definitionen und Interpretationen aufweist.

- Das Leadership-System soll primär auf die Zukunft fokussiert sein, ohne die Gegenwart zu vernachlässigen (stetige Wirksamkeitsüberprüfung).

- Viele Führungskräfte übernehmen Aufgaben aufgrund der eigenen Fachkenntnisse und weniger aufgrund der Führungseigenschaften.

- Das Umfeld und die auszuübende Funktion beeinflussen stetig den „erwartcten" Führungsstil.

Erkenntnis

- Um fortfahren zu können, ist eine einheitliche Begriffsbestimmung von Leadership notwendig.

- Personen, Führungskräfte, Unternehmer, Chefs, Manager und Leader charakterisieren die Stärke eines Leaderships.

- Gesellschaft, Wirtschaft und Technologie sowie die Führungsebene und die Generation der Menschen beeinflussen ebenfalls die Stärke eines Leaderships.

- Beide Hauptfaktorengruppen sind als dynamisches Landschaftsmodell zu verstehen.

Konsequenzen

- Die Abbildung 2-2 dient als Basis für ein gemeinsames Verständnis des Begriffs Leadership.

- Das Modell bietet die Grundlage für das weitere Vorgehen bezüglich der Umweltanalyse.

Tabelle 2-1: AEK, Landschaftsmodell Leadership | Quelle: Autor

2.2 IST-Zustand

2.2.1 VUCA-Welt

Im nächsten Kapitel sollen die folgenden Fragen beantwortet und die VUCA-Welt erörtert werden:

- Welche Bedeutung haben die Elemente des Landschaftsmodells, welche das Leadership in den nächsten Jahren (5-10) beeinflussen?

- Inwiefern werden vor allem die neuen Generationen diesen Trend beeinflussen?

- Welche Chancen und Gefahren für die Armee können diese Trends beinhalten?

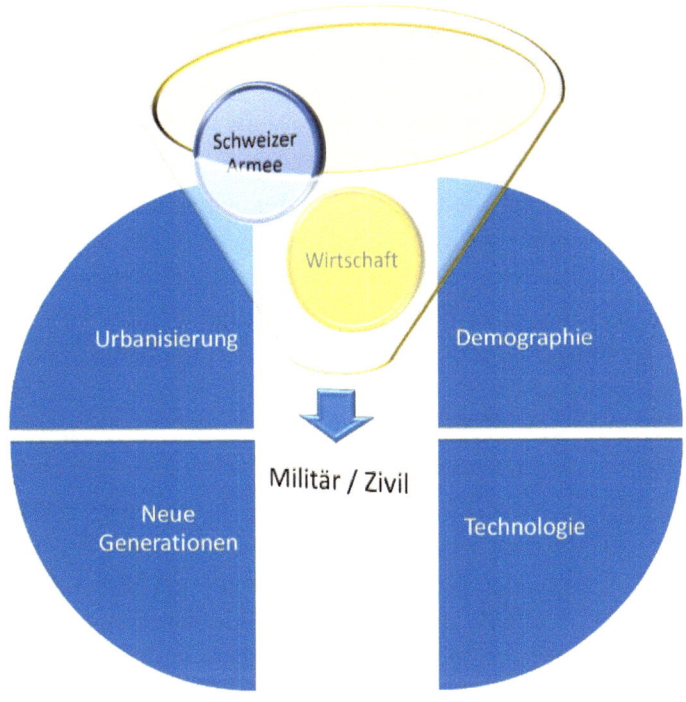

Abbildung 2-3: VUCA-Welt | Quelle: Autor

Bevor die Faktoren der VUCA-Welt analysiert werden, ist es notwendig, eine kurze Begriffserklärung dieses Akronyms dazulegen.

2.2.1.1 *Definition VUCA-Welt*

Der VUCA-Begriff stammt aus den USA der 1990er Jahre[18] und wurde vorerst vom Militär verwendet. Später wurde der Begriff von der Wirtschaft adaptiert. Erst in den letzten Jahren wird er in der Schweiz im militärischen Kontext verwendet.

VUCA (Anhang 3) ist ein Akronym für: *volatile* (Unberechenbarkeit), *uncertain* (Unsicherheit), *complex* (Komplexität) und *ambiguous* (viel-, doppel-, mehrdeutig, unklar):

---

[18] ttps://en.wikipedia.org/wiki/Volatility,_uncertainty,_complexity_and_ambiguity (Stand, Januar 2016).

- Unberechenbarkeit: z.B. die ständigen Reorganisationen und die fortwährende Wirtschaftsentwicklung.
- Unsicherheit: z.B. die Sicherheitslage in Europa und die zunehmende Angst (auch in der Schweiz) vor Terrorismus oder bezüglich der Flüchtlingsströme
- Komplexität: Die Vielfältigkeit in der Entscheidungsfindung hat z.B. stark zugenommen. Als Konsequenz kann ein Chef heute kaum ohne Einbezug der Mitarbeiter richtig entscheiden.
- Ambiguität: Es gibt z.B. keine richtige oder falsche Antwort, denn auch verschiedene Antworten können ein ähnliches Resultat hervorbringen.

Laut Dr. Matthias Hettl haben die Leistungsanforderungen „in allen Bereichen zugenommen. (...) Die Komplexität ihrer einzelnen Aufgaben und Projekte ist weiter angestiegen und die Kommunikationsschnittstellen haben zugenommen."[19]

In dieser komplexen Welt sind Organisationen und insbesondere Führungskräfte, wie z.B. auch die Miliz-Kader der Schweizer Armee, noch mehr gefordert, „flexibler zu reagieren und sich schneller an veränderte Umstände anzupassen."[20] Das sind Erfolgsfaktoren (Anhang 3), um weiterzubestehen. Ein Aspekt ist dabei, eine ehrliche und zielführende Vertrauenskultur zu pflegen, und zwar eine Vertrauenskultur, in der jedes Kader seine Leistungen zugunsten der ganzen Organisation ausrichtet und dessen Fehler dazu dienen, besser zu werden, und nicht dazu, Betroffene zu erniedrigen.

Gefragt sind auch eine klare Visionsfähigkeit und eine klare Richtung (keine hochglänzende patinierte Broschüre, sondern Worte und Taten). Visionen müssen täglich gelebt werden. Die Führungskräfte zeichnen sich als wahre Beispiele aus. Führungskräfte sind nicht fehlerfrei. Sie müssen lernen, den Untergebenen aktiv zuzuhören und Empathie zu zeigen. Angehörige der Armee (unabhängig von Grad und Funktion) sind keine Matrikelnummern, denn jeder Soldat hat eine individuelle Geschichte. Als ehrliche und fordernde Leader ge-

---

19 Matthias K. Hettl, «VUCA - Gestiegene Anforderungen an Führungskräfte», *Führung Kompakt*, Januar 2016.
20 Ebd.

hen Führungskräfte voran und vermitteln klare Botschaften. Sie sind in der Lage, die Komplexität zugunsten der Untergebenen zu reduzieren. Reduzieren soll aber nicht mit Oberflächlichkeit verwechselt werden. Schlussendlich sollte jede Organisation, jede Führungskraft, agieren, probieren, Erfahrungen sammeln und auch Fehler machen. Dazu braucht es eine ausgeprägte Vertrauenskultur. Dementsprechend bringt die VUCA-Welt verschiedene Herausforderung mit sich. Erfolgsfaktoren werden dabei als mögliche Antwort vorgestellt, um in der modernen, volatilen Welt die Zukunft in den Griff zu bekommen.

In den Einführungskapiteln wurden vier Mega-Trends erwähnt. Im Weiteren sollen diese vier Faktoren in der volatilen, unsicheren, komplexen und doppeldeutigen Welt erläutert werden.

2.2.2 Unternehmensfaktoren der VUCA-Welt

2.2.2.1 *Sowohl-als-auch-Prinzip*

Die drei Begriffe *Wirtschaft, Schweizer Armee* (Mil/Ziv) und *Leadership* verschmelzen (Abbildung 2-3). Somit geht es darum, die Abhängigkeiten und Herausforderungen in der VUCA-Welt zu erkennen.

Die Welt sowie unser Dasein sind ständig in Marschbereitschaft. Das Ziel ist, provokant gesagt, meist unbekannt. Selbst wenn es bekannt ist, kann es sich plötzlich ändern. Erstaunlich ist nur, dass die meisten Organisationen (militärisch z.B. auch Stäbe) und die dazugehörigen Kader diesen Veränderungszwang nicht verstehen oder wahrnehmen (wollen).

Es gibt und wird immer Organisationen und Leute geben, die ihre Komfortzone nur unter Zwang verlassen. Das kann zum Untergang der Organisationen, die die Anzeichen der Zukunft nicht richtig interpretieren, führen. Charles und Jayne May erklären den Lesern: „*In the VUCA World flexibility is far more necessary than control.*"[21]

Vorab ein wichtiger Punkt: Das Militär verfügt über alle Mittel, um in dieser Welt bestehen zu können (Stichwort Führungsprozesse). Die Herausforderung besteht darin, die Flexibilität der Vorgesetzten und der Unterstellten ständig zu schulen. Das Reglement Führung und

---

[21] www.vucaready.com (Stand 21. März 2016).

Stabsorganisation der Armee (FSO 17, Ziffer 5) beschreibt, dass „Auftrag, Lage, Führungsstufe und Kommandant bestimmen, wie das in diesem Reglement Beschriebene situationsbezogen anzuwenden ist."[22]

Um die aktuellen Herausforderungen gut zu meistern, braucht der Mensch einen sicheren Hafen und/oder Anhaltspunkte. Das sind die Voraussetzungen, durch die er sich sicher fühlen und auf die nächste Herausforderung vorbereiten kann.

Der Hafen ist die SSEE-Welt[23] (Akronym für stabil, sicher, einfach und eindeutig).

Die Welt, wie sie die meisten Führungskräfte heute verstehen (oder verstehen wollen), ist von der sogenannte 0815-Lebensvorstellung geprägt. In dieser Welt ist alles geregelt. Alle Prozesse sind konsolidiert und jeder weiss, was er zu tun hat. Also handelt es sich um die uns altbekannte Welt, eine Welt der klaren Strukturen und Sicherheiten.

An den Extremitäten des Systems zu leben (nämlich nur VUCA oder nur SSEE), wäre, wenn nicht falsch, sicher gefährlich. Was also wichtig ist, ist eine gute Mischung zwischen SSEE- und VUCA-Realität. Von Bedeutung sind somit die Koexistenz und die Integrationsmöglichkeit in beiden Welten.

2.2.2.2 *Spinne- und Seestern-Führungseigenschaften*

Wenn Leser nun über den Begriff „Spinne- und Seestern-Führungseigenschaften" irritiert sind, ist das verständlich. Bildlich gesehen, kann man sich Folgendes vorstellen: Man nimmt eine Spinne und amputiert ihr ein Bein. Sie wird Schmerzen haben, aber weitermarschieren (eher langsamer). Also wird sie logischerweise keine 100%ige Leistung erbringen können. Nun wird sie zudem enthauptet. Sie stirbt und wird keine Leistung mehr erbringen.

Als nächstes nimmt man einen Seestern und amputiert ihm einen

---

[22] Schweizer Armee, «Führung und Stabsorganisation der Armee 17 (Regl. 50.040 d)» (Schweizer Armee, 1. Juli 2014).
[23] Ella Gabriele Amann und Frank Alkenbrecher, *Das Sowohl-als-auch-Prinzip Resilienz: Mit Sicherheit stark durch die Krise* (Berlin: Pro Business, 2014), 44 ff.

Arm. Seine Leistung wird dennoch nach kurzer Zeit wieder vollständig sein. Auch der amputierte Arm wächst und kann sogar zu einem weiteren (neuen) Seestern werden.

Zu stark zentralisierte Führungssysteme bieten einerseits sicherlich Vorteile und Effizienz, andererseits können sie in einer Krisensituation sehr empfindlich respektive verwundbar sein. Wenn die Spinne geköpft wird, kollabiert logischerweise das ganze System. Ist eine Organisation im Seestern-Modus organisiert oder kann aus einem Spinnen-Modus in einen Seestern-Modus wechseln, steigt die Chance, erfolgreich zu bestehen, massiv an.

Diese Überlegungen sollten auf jeder Stufe einer Organisation gemacht werden. Desto mehr man in die tiefere Stufe geht, umso mehr Seestern-Gedanken braucht man. Das Buch vom Brafman/Beckstrom[24] zeigt die Bedeutung und Wirkungen auf die Organisationen bzw. auf die Führung ausgezeichnet auf.

2.2.2.3 *Der Weg zum fruchtbaren Boden*

Wie bei anderen militärischen Stäben erfolgen auch bei der Logistikbrigade 1 häufige Funktionswechsel. Dadurch entstehen unter anderem Herausforderungen in Bezug auf Kohäsion, Wissenserhalt und Wissenstransfer. Die Stäbe stehen unter starkem Druck. Jährlich kann bis zu ein Drittel der Bestände wechseln. Jeder Mensch, der einer Gruppe angehört, nimmt seine eigenen Besonderheiten, die einen Einfluss auf die Gruppe haben, mit. Ein anderer Aspekt, der manchmal unterschätzt wird, ist der Erhalt der Erfahrung. Neues Blut (z.B. neue Stabsoffiziere) ist sicherlich ein positiver Aspekt für die Innovation oder die Aktualisierung der Kompetenzen. Wenn die Erfahrungsperiode aber systembedingt auf wenige Jahre respektive auf Diensttage (75 Diensttage maximal in 2 Jahren) eingegrenzt ist, kann das einen Wissensverlust im weitesten Sinne verursachen.

Die Berufsoffiziere, die in einer Milizorganisation aktiv sind, können in übertragenem Sinn mit Spinnen verglichen werden. Ihr Wissen stellt einen Vorteil für eine Organisation dar, jedoch aufgrund rascher

---

[24] Ori Brafman und Rod A Beckstrom, *Senza leader: da Internet ad Al Qaeda : il potere segreto delle organizzazioni a rete* ([s.l.]: Etas, 2007).

Funktionswechsel meist nicht über einen längeren Zeitraum. Vorteilhafter wäre ein System, in dem Wissen respektive Know-how durch punktuelle Wissensweitergabe (bezüglich Neuerungen) durch ein Pool (z.B. Berufsoffiziere) sichergestellt würde.

Wie bereits angedeutet, ist es auch für das Militär wichtig, im Dualsystem SSEE und VUCA arbeiten zu können. Das heisst, der Führungsstil ist jeweils der Situation entsprechend anzupassen. Ein permanenter „Krisenfall-Modus" ist nicht zielführend. „Wenn dagegen professionelle Langsamkeit ebenso ihren Platz hat, bleibt Luft fürs Nachdenken und für entscheidende Innovationen. Kreativität zum Beispiel braucht professionelle Langsamkeit. Unter Druck ist niemand kreativ"[25], so die Neue Luzerner Zeitung im Dezember 2009.

Beide Welt-Systeme (SSEE/VUCA) weisen Vor- bzw. Nachteile auf. Krisensituationen, in denen man anhaltend unter Zeitdruck ist und rasch handeln muss, bedeuten keine oder nur wenig Zeit für Workshops, kooperativen Führungsstil, Feedback usw. In einer normalen Situation ist ein solch harter und direkter Führungsstil (von der derzeitigen Generation Mensch) nicht erwünscht. In der normalen Lage sind Innovationen und das Eintrainieren von Resilienz und Antifragilität ein fruchtbarer Nährboden.

2.2.2.4 *Resilienz und Antifragilität*

Resilienz ist die Fähigkeit, ein System oder eine Person aufgrund eines Ereignisses oder einer Situation wieder in eine Startposition zu bringen. Die „Widerstandskraft gegenüber Krisen, basiert auf Elastizität, Achtsamkeit gegenüber Abweichungen, Flexibilität und Anpassungsfähigkeit."[26] Wenn das nicht möglich ist, schafft man eine gewisse Stabilität und Funktionalität, um diese wieder zu erreichen.

Antifragilität ist gemäss Taleb die Fähigkeit, ein System aufgrund eines Ereignisses oder einer Situation und dank seiner Fähigkeit und

---

[25] Oliver Kellner, «Unter Zeitdruck ist niemand kreativ», *Neue Luzerner Zeitung*, 18. Dezember 2009.
[26] Amann und Alkenbrecher, *Das Sowohl-als-auch-Prinzip Resilienz*, 11.

vermehrten Flexibilität zu verbessern bzw. zu stärken.[27] Inwiefern ist also ein System fähig, aus einer unangenehmen Situation rasch den Courant wieder normal zu stellen (Resilienzgrad)? Inwiefern sind die Beteiligten in der Lage, aus dem Chaos einen wesentlichen Beitrag zur Stärkung der Organisation zu gewährleisten? Resilienz und Antifragilität brauchen ein fähiges Lernumfeld. Niederhauser, Huber und Annen weisen im Artikel „Der Einfluss von Resilienz auf die militärische Leistung" darauf hin, dass die Resilienz (und laut Taleb auch die Antifragilität) trainiert werden können.[28]

2.2.2.5 Die Mäuse-Strategie und die Führungskräfte

Was ist die Mäuse-Strategie?[29] Zwei Mäuse essen täglich im selben Raum Käse. Als kein Käse mehr übrig ist, bleibt eine Maus in der Hoffnung, dass dieser wieder gefüllt wird, im Raum. Die zweite Maus verlässt den Raum und versucht, einen neuen, vollen Raum zu finden.

Jeder Stabsoffizier ist in einem vielfältigen Umfeld eingebettet, beispielsweise in das zivile Umfeld, das national oder international geprägt ist, und das militärische Umfeld. Dabei ist die Frage nach dem Resilienz- und Antifragilitätsgrad unbedingt zu berücksichtigen. Nur ein Gesamtsystem hat gute Chancen, resilient und antifragil zu sein. In der SSEE-Welt mag das weniger wichtig sein, in der VUCA-Welt ist das aber von Bedeutung.

Die Frage, ob die Stäbe auch bei ausserordentlichen Ereignissen in allen Ebenen auf Anhieb einwandfreie Leistung erbringen, bleibt hier noch offen. Eines ist aber sicher: Alle beteiligten Personen werden unangenehme Konsequenzen miterleben, wenn die Führungsebenen nicht in der Lage sind, innovativ, flexibel und unkonventionell zu agieren.

---

[27] Nassim Nicholas Taleb und Daniela Antongiovanni, *Antifragile: prosperare nel disordine* (Milano: Il Saggiatore, 2013).

[28] Madlaina Niederhauser, Caroline Huber, und Annen Huber, «Der Einfluss von Resilienz auf die militärische Leistung», *ASMZ (Allgemeine Schweizerische Militärzeitschrift)*, März 2016, 49.

[29] Spencer Johnson, Gaby Turner, und Ariston, *Die Mäuse-Strategie für Manager (Jubiläums-Ausgabe) Veränderungen erfolgreich begegnen* (München: Ariston, 2015).

In den weisen Worten Buddhas findet man einen Grund, definitiv den alten Raum zu verlassen: „Die Veränderung ist nicht schmerzhaft, nur der Widerstand gegen die Veränderung ist schmerzhaft."[30]

2.2.3 Umweltfaktoren der VUCA-Welt

Die vier im Einführungskapitel präsentierten Mega-Trends prägen sowohl den aktuellen als auch den zukünftigen Leadership. Alle vier Trends haben gemäss Umfrage einen wesentlichen Einfluss auf das Leadership.[31] Die Technologie, die neue Generation von Menschen und die Demographie wurden aber stärker gewichtet als die Mega-Citys.

Im Folgenden werden diese Trends näher erläutert. Im Kapitel 2.2.4 werden dann die wichtigen Konsequenzen für das Leadership abgeleitet.

In einem interessanten Artikel auf wired.com sagte der ehemalige amerikanische General Stan McChrystal's, dass die besten Informatikmittel nur Sinn machen, wenn wir in der Lage sind, das komplexe Umfeld zu verstehen[32]. Konkret heisst das, dass uns die Informatik nur unterstützt.

Die Schweiz, aber auch viele andere Länder weltweit, weisen eine zunehmende Urbanisierung auf. Im militärischen Kontext führt dieses „Zubetonieren" sogar zu neuen Sichtweisen, um die Umwelt analysieren zu können.

Im Artikel „Urbane Räume der Zukunft: Sun Tsu und die Analyse des Geländes" heisst es dazu: „Mit dem Bevölkerungswachstum, insbesondere in städtischen Gebieten, und deren Vertikalisierung, verändern sich auch einzelne Analyse- und Beurteilungskriterien. Diese Kriterien sind nicht nur an die städtebauliche Entwicklung, sondern auch an die Entwicklung und den Fortschritt der Gesellschaft, der

---

[30] http://www.thequotepedia.com/change-is-never-painful-only-the-resistance-to-change-is-painful/ (Stand 21.03.2016).
[31] Anhang 10: Fragebogen, Frage 3.
[32] Spencer Ackermann, «Stan McChrystal's Very Human Wired War», *Wired.com*, Januar 2011,
http://www.wired.com/2011/01/stan-mcchrystals-very-human-wired-war/.

Lebensbedingungen sowie der wirtschaftlichen und politischen Ressourcen gebunden."[33] Das heisst, „die laufende Entwicklung der Umwelt zwingt jeden Chef, neue Sichtweisen zu prüfen."[34]

2.2.3.1 Mega-Trend: Demographie

Die Demographie ist durch die Alterung der Bevölkerung gekennzeichnet. Diese wird in den nächsten Jahren mehrere Anpassungen in unserem Zivilleben schaffen. Bezüglich des Leaderships sind die Lebenserwartung der heute 30- bis 40-Jährigen, die Rolle der Frau, die neue Vaterrolle, die multigenerationellen Belegschaften bzw. die multikulturelle Gesellschaft und die Bedeutung von Humankapital zu überdenken.

30- bis 40-jährige Arbeitskräfte: Die Erwartungen, die die Gesellschaft an 30- bis 40-Jährige stellt, sind für solch einen kleinen Lebensabschnitt sehr zahlreich (Familiengründung, Vereinstätigkeit, Militärdienst oder ähnliche Dienste, Berufskarriere, Aus-/Weiterbildung Hobbys etc.). Das bedeutet, dass die Person einem unglaublichen Wettbewerb ausgesetzt ist. In diesem Lebensabschnitt wird eine mögliche Richtung eingeschlagen, in der die Sinnvermittlung eine besondere Rolle spielt.

Rolle der Frau und neue Vaterrolle: Frauen finden immer mehr Platz in den Führungsetagen. Laut eines Artikels von influence.ch „Was auf die Arbeitswelt zukommt"[35] werden Frauen somit auch das Erleben des Leaderships beeinflussen. „Führung vollzieht den Übergang von der (rein männlichen) Horde zur (menschlichen) Herde – das männerbündische Zeitalter nähert sich dem Ende."[36] Die Ansprüche in Bezug auf die Vaterrolle nehmen zu. Die Familie erwartet

---

[33] Alessandro Rappazzo, «Urbane Räume der Zukunft: Sun Tsu und die Analyse des Gelände», *ASMZ (Allgemeine Schweizerische Militärzeitschrift)*, 2015, 33.
[34] Ebd., 35.
[35] Pascal Ihle, «Was auf die Arbeitswelt zukommt», *influence.ch*, 11. Februar 2016, http://influence.ch/wirtschaft/artikel/was-auf-die-arbeitswelt-zukommt/.
[36] Detlef Gürtler und GDI Gottlieb Duttweiler Institut, «Die Zukunft der Führung. Eine Trendstudie» (SIB Schweizerisches Institut für Betriebsökonomie, 2013), 20., www.sib.ch.

vermehrt aktives Engagement innerhalb der Familie. Nichtsdestotrotz sind die meisten Männer noch die Haupternährer, meint die NZZ.[37] Die Frage nach der Erziehungsverantwortung innerhalb der Mutter-Vater-Rolle bleibt hier noch offen. Die Herausforderungen haben Auswirkungen auf das berufliche Engagement bei der Armee.

Multigenerationelle Belegschaft und multikulturelle Gesellschaft: Diese Konstellationen stellen ein zunehmendes Phänomen dar. „Die unausweichliche Alterung von Belegschaften legt es nahe, dass Unternehmen dem dadurch steigenden Sinnbedürfnis Rechnung tragen. Multigenerationelle Belegschaften machen zudem Unternehmen resilienter und stressresistenter als generationelle Monokulturen.“[38] Hinsichtlich der multikulturellen Gesellschaft stellt Connie Voigt fest: „44 Prozent der Geschäftsleitungsmitglieder der 121 grössten Schweizer Unternehmen beispielsweise sind Ausländer.“[39] Gefährlich wäre nun, sich auf die Geschäftsleitungsmitglieder zu konzentrieren. Auch in der Armee hat Multikulturalismus zugenommen. Voigt betont: „…aus dieser neuen, kombinierten und damit recht komplexen Ausgangslage entsteht für Manager und Führungspersonen vermehrt die Notwendigkeit, sich mit der Förderung ihrer eigenen interkulturellen Kompetenzen auseinanderzusetzen und in diese zu investieren.“[40]

Bedeutung des Humankapitals: Die Bedeutung des Humankapitals ist nicht zu unterschätzen. „(…) in der Wissensgesellschaft wird dieses in immer mehr Unternehmen zum wichtigsten Produktionsmittel überhaupt. Und das liegt zum anderen daran, dass die Grenzen des Unternehmens verschwimmen.“[41] Im militärischen Kontext könnte das heissen, dass die Führungskräfte, der Auftrag (oder die zur er-

---

[37] Seraina Kobler, «Die Mühen der ‹neuen Väter›», *Neue Zürcher Zeitung*, 5. Februar 2016, 15.

[38] Gürtler und GDI Gottlieb Duttweiler Institut, «Die Zukunft der Führung. Eine Trendstudie», 19.

[39] Connie Voigt, *Interkulturelle Führung: Leadership der Vielfalt* (Zürich: Weka-Business-Media AG, 2010), 13.

[40] Ebd., 14.

[41] Gürtler und GDI Gottlieb Duttweiler Institut, «Die Zukunft der Führung. Eine Trendstudie», 23.

bringenden Leistungen) und die Truppe ein dynamisches Spannungsfeld darstellen. Kurt Schiltknecht warnt in „Wohlstand – kein Zufall"
den Leser: „Nur wer in der Lage und bereit ist, Herausforderungen
anzunehmen und laufend Neues zu lernen, kann den Wert seines
Humankapitals bewahren oder vermehren und von den neuen Entwicklungen profitieren."[42] Obwohl die grösste Last der Pflege des
Humankapitals durch den Staat (Bildungssystem) und die Wirtschaft
getragen wird, hat auch das Militär diese Aspekte nicht zu vernachlässigen.

2.2.3.2 *Mega-Trend: Technologie*

Betrachtet man die industrielle Entwicklung, charakterisierte sich die
erste Revolution durch die Einführung der Dampfmaschinen (vor ca.
300 Jahren). Die zweite und die dritte Revolution folgten Ende des
19. Jahrhunderts mit der Elektrizität und Mitte des 20. Jahrhunderts
mit der Erfindung der Computer. Heute ist von der vierten Revolution die Rede, nämlich durch die Technologisierung. Diese Revolution
wird in den nächsten Jahren weitreichende Folgen mit sich bringen.
Die Technologisierung (auch Industrie 4.0) wird die Arbeitswelt dramatisch verändern, z.B. durch das Ersetzen der Menschen durch Roboter und die Schaffung neuer Jobs. „Einfache Arbeiten an Maschinen, wie Drehen oder Fräsen, können bald komplett von Robotern
durchgeführt werden."[43] „80 Prozent der Jobs an Maschinen werden
laut einer deutschen Studie dadurch wegfallen."[44]

Um das Thema einzugrenzen, werden weiter die folgenden Aspekte
berücksichtigt: Informationsflut (Big-Data), Kommunikation, Social
Media und Storytelling sowie Hierarchie.

Big Data: „(…) die wachsende Datenflut vergrössert nicht nur das
Wissen, sondern auch den Bereich des Nichtwissens. Hierdurch steigt
der Anreiz, auf umfassende Information zu verzichten; es entsteht

---

[42] Kurt Schiltknecht, *Wohlstand - kein Zufall: die ökonomischen Zusammenhänge* (Zürich:
Verl. Neue Zürcher Zeitung, 2015), ff 109.
[43] «In 5 Jahren sind Roboter im Spital-Alltag normal», *20 Minuten*, 10. Februar 2016,
http://www.20min.ch/schweiz/basel/story/10870855.
[44] Ebd.

Raum für Faustregeln und Bauchgefühl, aber auch für spielerische und experimentelle Entscheidungen."[45]

Das ist eine echte Herausforderung, denn einerseits sind die Informationsquellen enorm vielfältig, andererseits können auch mehrere Antworten (auch divergierende) der Wahrheit entsprechen. Wenn Faustregeln (Muster, Erfahrung) und Bauchgefühl eine Hilfe sein sollen, benötigt die neue Situation auch andere Fähigkeiten. Für die 55 Manager, die sich zwischen 2014 und 2015 zur NZZ Exekutive[46] geäussert haben, spielt das Bauchgefühl eine wesentliche Rolle. Christian Scholz spricht in seinem Buch „Generation Z" über Digital Gourmets. Die „Digital Gourmets konsumieren und kommentieren Medien selektiv und qualitätsbewusst. Bei der Generation Z gibt es auch diese Digital Gourmets, die Datenmüll durch Premium-Inhalte ersetzen wollen."[47] Es geht darum, den Umgang mit der Datenmenge zu lernen und von den Fähigkeiten der jungen Generationen zu profitieren.

Kommunikation, Social Media und Storytelling: In dieser immer mehr globalisierten und vor allem vernetzten Welt ist die Fähigkeit, wirksam zu kommunizieren, ein grosser Vorteil. Beatrice Müller gibt im Buch „Gut gebrüllt, Löwe!" klare Hinweise, dass künftige Leader kommunizieren und sich zu verkaufen lernen müssen.[48] Die Sozialen Medien haben den Umgang mit Information dramatisch geändert (weder positiv noch negativ zu bewerten). Jeder, der schreiben kann und einen Zugang zum Internet hat, kann neben dem passiven Lesen auch ein aktiver Protagonist sein und den offiziellen Medien „Konkurrenz" machen. „(…) alles wird heute vom Fernsehen übertragen oder erscheint auf YouTube. Die Einzelnen stehen unter höchster Beobachtung. Paparazzi überall. Die politischen Gegner

---

[45] Gürtler und GDI Gottlieb Duttweiler Institut, «Die Zukunft der Führung. Eine Trendstudie», 16.

[46] Anhang 4: Beantwortung der Frage bezüglich des Bauchgefühls (NZZ).

[47] Christian Scholz, «Generation Z: Willkommen in der Arbeitswelt», *Der Standard*, 7. Januar 2012, 189., http://derstandard.at/1325485714613/Future-Work-Generation-Z-Willkommen-in-der-Arbeitswelt.

[48] Beatrice Müller, *Gut gebrüllt Löwe! Auftreten, überzeugen - sich durchsetzen* (Zürich: Orell Füssli & Co, 2015), 13–21.

schlachten Fehler schamlos aus. Ratings werden ermittelt: Daumen hoch, Daumen runter. In den sozialen Medien und den Kommentarspalten der Onlineportale kriegen alle ihr Fett ab."[49] Müller bezog sich in diesem Kommentar auf Politiker, bei anderen Führungskräften sieht die Realität aber ähnlich aus. Mögliche Gegenmassnahmen, die auch in Müllers Buch beschrieben werden, sind die Fähigkeiten der künftigen Leader in den Bereichen Kernbotschaft, Rhetorik, Knigge, Begeisterung, Streitgespräche, Stimmunterricht usw. Man spricht hier klar und deutlich über die Fähigkeit, ein guter Kommunikator zu sein. Es handelt sich um Themen, die die militärische Ausbildung schon heute bietet.

Der Blog saatkorn.com mit dem Beitrag „Digitale Arbeitgeberkommunikation – 3 zentrale Thesen"[50] zeigt auf, dass die Nutzung der Social Media zwischen 2012 und 2016 massiv zugenommen hat. Auch in der Armee ist die Zunahme der Social-Media-Nutzung ganz klar feststellbar. Social Media ist quasi das neue Internet. „Die Zeiten, in denen solche Kanäle nebenbei von Praktikanten betrieben werden konnten, sind definitiv vorbei."[51]

Das gilt auch für die militärische Kommunikation, insbesondere für die Stufe Truppenkörper bzw. Grosser Verband. „Social-Network ist die perfekte Strategie für die Mechanismen der Co-Kreation, durch die man ehrgeizigere Ziele verfolgen kann, wie z.B. die (neuerliche) Positionierung eines Produkts/einer Marke, oder auch die Werte einer Marke neu beleben kann (Übersetzung: Autor)."[52] Zu erwähnen ist, dass es innerhalb der Stäbe noch keine „Social-Media Offiziere" gibt. Dies liegt daran, weil „zu lange und komplexe Genehmigungs-Workflows Engpässe verursachen, die den Prozess verlangsamen und

---

[49] Ebd., 19.
[50] Gero Hesse, «Digitale Arbeitgeberkommunikation - 3 zentrale Thesen», *saatkorn. Der Blog von Gero Hesse*, 9. März 2016, https://www.saatkorn.com/digitale-arbeitgeberkommunikation-3-zentrale-thesen/.
[51] Ebd.
[52] Laurita Giuliana und Roberto Venturini, *Strategia digitale: comunicare in modo efficace su internet e i social media* (Milano: U. Hoepli, 2014), 138.

die Wirksamkeit verringern (Übersetzung: Autor).“[53]

Besonders interessant ist die These von saatkorn.com, dass Storytelling der Schlüssel zur Kommunikation sei. „Content Marketing und Storytelling werden immer wichtiger, aber authentisch und glaubwürdig, was viele Unternehmer immer noch nicht umsetzen.“[54] Ein gelungenes Beispiel aus dem militärischen Marketing-Bereich ist die „Kampagne“ des Lehrverbands Führungsunterstützung 30 (LVb FU 30). Die Werbung auf Facebook zeigt die Verbindung zwischen Militär und Wirtschaft (Anhang 5). Diese Art der Kommunikation ist eine vernünftige Antwort auf die Bedürfnisse einer Offiziersgeneration.

Was bedeutet es aber, eine Geschichte zu erzählen? Die Zeitschrift Millionaire sagt dazu ganz klar, dass Storytelling nicht sprechen, sondern miteinander sprechen bedeutet.[55] Gemeint ist, dass die Kommunikation nicht mehr unidirektional stattfindet (von oben nach unten), sondern dort, wo die Meinung aller Beteiligten Platz findet. Storytelling hat somit empathischen Charakter. Visionen, Leistungen, Brand, Mitarbeiter und Kunden stehen im Zentrum.[56] Es geht beim Storytelling darum, über die eigenen Fähigkeiten respektive Erfolge (von der Organisation oder von besonderen Mitarbeitern) zu erzählen. Über Erfolge zu erzählen, ist eine Voraussetzung dafür, die Beteiligten zu binden und die Sinnvermittlung zu erreichen.

Hierarchie: Nur für Krisenorganisationen oder in kritischen Lagen ist ein hierarchisches System von Vorteil. Der kulturelle Leadership „zeichnet sich vor allem durch überdurchschnittlich hohe Toleranz und weniger Hierarchiegefüge aus.“[57] Laut Trendstudie der Duttweiler Institute für das Schweizerische Institut für Betriebsökonomie gilt: „(…) hierarchische Führungsstrukturen nach militärischem Vorbild sind besonders effizient bei Massenproduktion und klar definierten

---

[53] Ebd., 136.
[54] Hesse, «Digitale Arbeitgeberkommunikation - 3 zentrale Thesen».
[55] Francesco Morace, «Storytelling sempre e comunque. Comunicare diventerà sempre più un'arte e non una tecnica di persuasione», *millionaire*, ottobre 2015, 30.
[56] Giampaolo Colletti, «7 modi per raccontare bene la propria azienda (e 7 storie di successo)», *blog chefuturo.it*, 7. August 2013, http://www.chefuturo.it/2013/08/sette-modi-per-raccontare-storie-dazienda-e-sette-storie-di-successo/.
[57] Voigt, *Interkulturelle Führung*, 6.

Prozessen. Diese bestimmen jedoch immer seltener den Unternehmensalltag. Anders als in der Politik behalten Kommandosysteme in Unternehmen ihre Existenzberechtigung, bekommen aber Konkurrenz."[58] In „Thesen zur Digitalisierung" von Prof Dr. August-Wilhelm Scheer steht im Kapitel „Die Welt wird flach"[59], dass durch den Einfluss der vierten industriellen Revolution die Einhaltung der herkömmlichen Strukturen immer schwieriger wird. „(…) die Individualisierung, Flexibilisierung und Vernetzung vermindern den Wert der grossen Vorteile hierarchischer Organisationen: Stabilität und Berechenbarkeit – oder verwandeln sie sogar in Nachteile."[60]

2.2.3.3 *Mega-Trend: Menschengeneration*

Das Zusammenwirken verschiedener Generationen – Baby-Boomer (BB), Generation X, Y und neu Z – kann zu Problemen führen, wenn die Führungskräfte abgeneigt sind, sich um die verschiedenen Bedürfnisse und Erwartungen zu kümmern. Prof Christian Scholz ist der Meinung, dass das Wort Generation „soziologisch nicht korrekt ist, sondern eher populärwissenschaftlich missbraucht wurde."[61] In seinem Buch „Generation Z" wird dargelegt, dass als Führungskraft ein Verständnis und eine Vertiefung in Bezug auf die Bedeutung der Generationen unerlässlich und zwingend empfehlenswert sind.[62]

Über die Generationen zu sprechen, ist wichtig. Die meisten Führungskräfte denken, dass Führung immer gleich sei. „Aktuell besteht allerdings die Gefahr, dass Führungskräfte mit dieser Denkhaltung gefährlich falsch liegen und ihrer Aufgabe als Führungskraft nicht

---

[58] Gürtler und GDI Gottlieb Duttweiler Institut, «Die Zukunft der Führung. Eine Trendstudie», 25.

[59] August-Wilhelm Scheer, «Thesen zur Digitalisierung (Whitepaper Nr. 7)» (August-Wilhelm Scheer Institut für digitale Produkte und Prozesse (AWSi), Juni 2015), 13–14.

[60] Gürtler und GDI Gottlieb Duttweiler Institut, «Die Zukunft der Führung. Eine Trendstudie», 4.

[61] Peter Rieder, «Generation Z heisst der neue Trend», *Recruiting Club*, 14. Februar 2016, http://www.recruitingclub.at/generation-z/.

[62] Scholz, «Generation Z: Willkommen in der Arbeitswelt».

mehr gerecht werden."[63] Die „YouTube-Generation" wird als Generation C bezeichnet, wobei das C für *connection, community, creation* und *curation* steht. Die Besonderheit dieser Kategorie ist, dass sie alle anderen Generationen durchquert, obwohl der grösste Teil bei der Generation Z und Y zu finden ist.[64] Generation C ist in der Lage, nicht nur die technologischen Mittel zu beherrschen, sondern auch aktiv mit der technologischen Welt zu interagieren.

Anhang 6 zeigt die Eigenschaften der Generationen auf und ist eine Zusammenführung der Hauptmerkmale der Generationen nach Scholz[65] und nach Rieder.[66] Die Generation C wurde vom Autor der vorliegenden Arbeit ergänzt. Tabelle 2-2 zeigt Führungsarten in Relation zu den verschiedenen Generationen auf. Im Fokus der Abbildung steht die mittlere Ebene der Führungskräfte.

	BB Gen 1946-1964	Gen X 1965-1980	Gen Y 1981-1994	Gen Z 1995- ...
erzogen von	Silent Generation	Silent Generation und BB Gen	Gen X BB Gen	Gen Y Gen X
geführt von	---	BB Gen	Gen X (BB Gen)	Gen Y Gen X
Führung	abnehmende Führungskraft	dominierende Führungskraft	dominierende Führungskraft	Eintritt in die Arbeitswelt
ausgebildet von	Silent Generation	BB Gen	Gen X	Gen Y Gen X

Tabelle 2-2: Zusammenstoss der Generationen | Quelle: Autor

---

[63] Christian Scholz, «Weichen Stellen für die Zukunft. Gastkommentar», *Syntra Synergie*, 2013.
[64] «Meet Gen C: The YouTube Generation», Mai 2013, https://www.thinkwithgoogle.com/articles/meet-gen-c-youtube-generation-in-own-words.html.
[65] Christian Scholz, *Generation Z: wie sie tickt, was sie verändert und warum sie uns alle ansteckt* (Weinheim: Wiley-VCH, 2014), 35–38.
[66] Rieder, «Generation Z heisst der neue Trend».

Nebst der Führung, die an die Erwartungen der Generationen anzupassen ist, stellt die Ausbildung eine weitere Herausforderung dar.

„Digital Natives langweilen sich in der Schule."[67] Im wirtschaftlichen Kontext ist eine klare Konsequenz, dass „die Ausbildung der Arbeitskräfte möglichst schnell auf die technologische Entwicklung abgestimmt werden"[68] muss. „(...) was mittelfristig passiert, ist logisch: aus Schülern werden Studenten, Young Professionals und Professionals..."[69] Anders gesagt, werden aus Schülern Studenten und aus Rekruten bildet sich das Kader.

Generation Y und Z unterscheiden sich hinsichtlich der Führung. Die Y-Generation kennt eine transformationelle Führung. „Bei diesem Führungsstil wird viel mit Visionen, Eigenverantwortung und Veränderungsprozessen im Kopf gearbeitet."[70] Die Z-Generation kennt hingegen den transaktionalen Führungsstil. „Beim transaktionalen Führungsstil stehen klare Aufgaben im Vordergrund, die fast schon mechanisch abgearbeitet werden."[71]

2.2.4 Synthese der Umwelt- bzw. Unternehmensfaktoren
2.2.4.1 *Aussage, Erkenntnis und Konsequenzen (AEK)*

Aussage

- VUCA-Welt / zwischen VUCA- und SSEE-Realität: Führungsfähigkeiten bzw. -strukturen müssen geprüft werden (Prinzip von Spinne und Seestern). Die häufigen Funktionswechsel innerhalb von Organisationen erschweren die Fähigkeit, resilient und antifragil zu sein. Führung in Krisensituationen und in der normalen Lage bedarf angepasster Führungsformen. Veränderungsfähigkeiten werden in der Führung immer mehr gefragt, um für die volati-

---

[67] Julian Riegel, «Digital Natives langweilen sich in der Schule», *20 Minuten*, 5. Februar 2016, 28.

[68] Schiltknecht, *Wohlstand - kein Zufall*, 106.

[69] Hesse, «Digitale Arbeitgeberkommunikation - 3 zentrale Thesen».

[70] Scholz, *Generation Z*, 176.

[71] Ebd.

le Welt bereit zu sein.

- Mega-Trend Mega-City: Mit der verstärkten Urbanisierung ändern sich auch die analytischen Prozesse.

- Mega-Trend Demografie: Die 30- bis 40-Jährigen werden von der Gesellschaft besonders unter Druck gesetzt. Die Rollen der Frauen sowie der Männer sind kontinuierlich an die Realität anzupassen. Die Globalisierung (multigenerationelle Belegschaften und multikulturelle Gesellschaft) eröffnen Chancen, können aber auch Gefahren in Bezug auf die Vereinbarkeit von Armee und Wirtschaft bedeuten. Die Investition in das Humankapital ist unerlässlich.

- Mega-Trend Technologie: Der Umgang mit Big-Data zwingt Führungskräfte, die Komplexität zu reduzieren. Wirksame, aktive Kommunikation, geschickte Verwendung von Social Media und Storytelling sind für alle Organisationen unerlässlich.

- Mega-Trend Menschengeneration: Die Erwartungen und Besonderheiten der verschiedenen Generationen sind für eine wirksame Führung von höchster Priorität. Führung ist nicht für alle gleich. Jede Generation hat andere Erwartungen, die berücksichtigt werden müssen.

Erkenntnis

- Die VUCA-Welt ist ein gelungener Versuch, die aktuelle Lage einzurahmen. Organisationen, Mitarbeiter und Führungskräfte aller Ebenen haben der VUCA-Welt Rechnung zu tragen. Das Bestehen wird durch die Fähigkeit ambivalent, zwischen der SSEE- und der VUCA-Welt zu interagieren. Menschen brauchen Sicherheit und Anhaltspunkte. Die SSEE-Welt könnte der sichere Hafen sein und der Ozean (das Unerwartete) könnte durch die VUCA-Welt dargestellt werden.

- Punkto Struktur sind Überlegungen über die Anzahl der „Spinnen bzw. Seesterne" in den Stäben und Organisationen viel wert. Desto mehr man in die Tiefe der Organisation (oder der Prozesse) geht, umso mehr Seestern-Fähigkeiten braucht man.

- Jeder Stab ist mit den Organisationen vergleichbar. Diese müssen und sollen unbedingt über ihre Strukturen und Führungsfähigkeiten resp. den Resilienz- bzw. Antifragilitätsgrad reflektieren. Genau zu wissen, wo man steht, wird erlauben, konkrete Massnahmen zu treffen. Resilienz- und Antifragilitätsgrad sind nicht von heute auf morgen aufrufbar. Sie brauchen einen soliden Nährboden, eine Fehlerkultur, Vertrauenskultur, Sinnvermittlung und kontinuierliches Einexerzieren, um nur ein paar Beispiele zu nennen. Der Nachbearbeitungsprozess sollte eine vermehrte Bedeutung erhalten (keine Randzeitaktivität).

- Der Umgang mit der Beurteilung der Lage entspricht immer weniger die Realität. Analyse und Prozesse sollen auch bei der Logistikbrigade Neuland betreten.

- Die 30- bis 40-jährigen Arbeitskräfte sollen besser in die Armee eingebunden werden. Die Familienrolle beeinflusst das Engagement für die Armee. Die militärischen Formationen agieren mit Angehörigen anderer Kulturen, was das Leadership beeinflusst. Die Armee kann von den multigenerationellen und multikulturellen Angehörigen profitieren.

- Wenn die Verantwortung für das Humankapital grundsätzlich eine Angelegenheit der zivilen Gesellschaft ist, sollten die Armee und die Brigade stark in den Kader investieren.

- Die rasant fortschreitende Technologie beeinflusst auch militärische Organisationen. Es geht darum, aus der Quantität der Informationen die Qualität sicherzustellen, eine der Generation angepasste Kommunikation zu gestalten und die fehlende Digitalstrategie mit der Kommunikation zu vereinigen. Diese Kommunikation erlaubt einen direkten, schnellen Zugang zu den Usern. Die Tendenz, die Hierarchie unter Druck zu setzen, spielt eine immer zentralere Rolle.

- Bezüglich der Menschengenerationen müssen vor allem Führungskräfte wahrnehmen, dass verschiedene Menschen verschiedene Bedürfnisse mitbringen. Menschen, eher nach deren Eigenschaften, und nicht nach deren Geburtsjahr in Generationen einzuordnen, verstärkt das Verständnis und erhöht den Führungserfolg. Alle Stabsoffiziere gemäss der eigenen „Weltvorstellung" gleich zu behandeln, führt zur Niederlage.

Konsequenzen

Folgende sieben Bereichsfelder sind zu berücksichtigen:

- Leadership als Bestandteil des Führungsprozesses der Log Br 1 (Kenntnisse des Menschenbilds, kontinuierliche Wertereflexion, Soft-Skill-Pflege, mehr Gewicht auf Nachbearbeitungsprozess).

- Personelles: Personalplanung / -gewinnung / -bindung
  Die Bedeutung des Humankapitals sollte vermehrt berücksichtigt werden und die Bindung des künftigen Kaders bereits beim Eintritt in der Logistikbrigade beginnen.

- Ausbildung: Anpassung der Ausbildungsschwerpunkte
  Das jährliche Training sollte die Elemente der VUCA-Welt sowie deren Abhängigkeiten stetig berücksichtigen. Das gilt für alle Stäbe, auch für den Stab der Log Br 1. Leadership soll ebenfalls zum Ausbildungsthema werden.

- Prozesse
  Die Konsequenzen der tendenziell „flachen-Hierarchie" (aufgrund der Technologie und VUCA-Faktoren) sollten neu geprüft werden, um damit auch die Resilienz bzw. Antifragilität zu stärken und das Mikromanagement zu vermeiden (Auftragstaktik). Weiter sollte der Wissens- bzw. Know-how-Erhalt geprüft werden. Die Soft Skills sollen künftig eine wesentliche Rolle bei der Bereitschaft haben.

- Beurteilung der Lage
  Die Vielfältigkeit des Geländes, das Einsatzspektrum und der Auftrag zwingen dazu, Neuland zu betreten und ein schnelleres Vorgehen zu identifizieren. Die Zusammenarbeit mit zivilen/militärischen Partnern, die Urbanisierung sowie die zu leistenden Aufträge (PQQZD) sollten zu einer schnelleren, effizienteren und effektiveren Analyse führen.

- Digitale Strategie
  Es ist eine Kommunikation zu entwickeln, in der eine neue Digital-Strategie nicht als separates Gebiet zu betrachten ist. Weiter geht es darum, in der Krisenkommunikation rascher und wirksamer zu reagieren.

- Umgang mit <u>Veränderung</u>
  Zukünftig sollten die möglichen Themen zu Arbeiten im militärischen Umfeld aus der Strategieentwicklung und der zukunftsgerichteten Beurteilung der Lage abgeleitet werden, um den Veränderungen rechtzeitig Rechnung tragen zu können (Gründung eines Strategie-Boards).

Tabelle 2-3: AEK, Synthese der Umwelt- bzw. Unternehmensfaktoren | Quelle: Autor

2.2.5 Künftige Leadership-Erfolgsfaktoren

Die VUCA-Welt könnte als neuer Normalzustand betrachtet werden. Diese Realität würde viele Organisationen sicherlich in der Tiefe verändern. Auch die Führungskräfte und somit das Leadership wären zu Veränderungen gezwungen. Nur die SSEE-Fähigkeiten würden nicht mehr genügen. Im Folgenden werden die Fragen aus Kapitel 2.2.1 beantwortet.

Die erste Frage befasste sich mit der Bedeutung und dem zukünftigen Einfluss des vorgeschlagenen Landschaftsmodells. Leadership ist ein Zusammenwirken mehrerer Faktoren. Diese Faktoren sind keine absoluten Werte, sondern durch die Wirkungen der VUCA-Welt stetig in Bewegung. In der zweiten Frage ging es darum, festzustellen, inwiefern die jeweilige Generation Mensch durch Trends beeinflussbar ist. Die klare Antwort ist vor allem in der Revolution 4.0 und beim Zusammenstoss der verschiedenen Generationen zu suchen. Im Bereich Chancen und Gefahren, und somit wird die dritte Frage beantwortet, besteht die grosse Chance darin, Kader zu gewinnen, indem die Armee die positiven und machbaren Tendenzen aufnimmt und damit den wirtschaftlichen Mehrwert zeigt. Eine tiefe Zäsur zwischen militärischer und ziviler Realität wird dazu führen, dass es immer schwieriger wird, geeignete Kader für die Armee langfristig zu binden.

2.3 Bewertung der IST-Situation

2.3.1 Agieren statt reagieren (Fragebogen)

2.3.1.1 *Allgemeines zum Fragebogen*

Der Fragebogen verfolgt das Ziel, die theoretischen Ansätze der Realität gegenüberzustellen. 230 Offiziere und höhere Unteroffiziere haben an der Befragung teilgenommen, was einem sehr guten Resultat entspricht. Gefragt war, die Brille der Neugier auf die Zukunft zu tragen, ohne die Gegenwart zu vergessen. Das Ziel war, zu versuchen, die Zukunft zu interpretieren. Die Befragten stammen aus verschiedenen Truppengattungen der Armee. Ein Teil davon war mittels Social-Media-Plattformen aufgefordert worden, an der Befragung teilzunehmen. Ein weiterer Teil besteht aus Personen der Zentralschule. Den dritten Teil bildet der Kader der Logistikbrigade 1.

Anhang 10[72] zeigt die Synthese der Ergebnisse. 56.1% (Tendenz: zunehmend) vertreten die sogenannte Generation Y, 40.4% die Generation X (Tendenz: abnehmend), der Rest gehört der Generation Baby-Boomer an (Tendenz: stark abnehmend – Endphase). Die Generation Z ist logischerweise zu 0% vertreten, wird aber in den nächsten 2-3 Jahren den Weg in die Truppenkörper und Stäbe finden. Gemäss Ergebnis der Frage 2 tragen 75.2% der Befragten auch im zivilen Bereich eine Führungsverantwortung, wobei die Generation Y mit 69.8% unter dem Durchschnitt ist. Das ist aber kein Problem, da diese Generation langsam, aber sicher dabei ist, die vorherige Generation in der Führung abzulösen. Nun geht es darum, die wichtigen Elemente mittels einer AEK herauszufinden.

2.3.1.2 *Forschungsfrage: Bereitschaft der Leader*

Frage: Wie gross ist die Bereitschaft für die jetzigen Leader, sich für die Armee zu engagieren?
- Die Konsolidierung basiert auf den Fragen 49, 55, 82, 83, 84.
- These (Autor): Die Bereitschaft ist vorhanden, jedoch mässig.

Erkenntnis
- Die Bereitschaft, sich für die Armee zu engagieren, ist bei den meisten vorhanden. Erfahrung weiterzugeben oder von Erfahrung zu profitieren, weist einen kleinen Unterschied zu Lasten des

---

[72] Anhang 10 ist eine Verdichtung der Ergebnisse. Es ging darum, die Vielfältigkeit und Komplexität auf das Wesentliche zu reduzieren. Das gesamte Dokument wird vom Autor aufbewahrt. Das Intervall zwischen den Fragen bedeutet, dass die Unterfragen in einer Hauptfrage konsolidiert worden sind.

Gebers auf.

- Die Freiwilligkeit der Teilnahme an einer Think-Tank-Gruppe ist mit über 60% zufriedenstellend, jedoch steigt die Bereitschaft auf über 70%, wenn sie mit einer Entschädigung verbunden ist.
- Die Freiwilligkeit kann einen Beitrag zu Innovation, Diversität, Problemlösung, Sinnvermittlung und Entwicklung zur Einsatzbereitschaft mitbringen.

Konsequenzen

- Im Rahmen der Strategie oder der Problemlösung (von Grad und Funktion unabhängig) ist eine Think-Tank-Gruppe situativ vorzusehen.

Tabelle 2-4: AEK, Forschungsfrage: Bereitschaft der Leader | Quelle: Autor

2.3.1.3 Forschungsfrage: Künftige Arbeitsmethoden und Verhalten

Fragen:

Welches sind die Arbeitsmethoden oder Verhalten, die die Zukunft uns allen bieten wird?

Wie gross ist die Wahrnehmung des Umgangs mit neuen Arbeitsmethoden?

- Die Konsolidierung basiert auf den Fragen 17, 21, 22, 61, 70, 77, 78, 79, 80, 81, 85, 86, 87.
- These (Autor): mehr Flexibilität, Vernetzung und miliztaugliche Informatikmittel, kooperatives Verhalten.

Erkenntnis

- Home-Office zeigt sich als ein kontroverses Thema. Die Akzeptanz ist zwischen 60% und 70%, fordert jedoch ein hohes Engagement der Chefs (bezüglich Planung, Führung) und aller Beteiligten (bezüglich des hohen Masses an Selbstdisziplin).
- Home-Office kann momentan mit speziellen Funktionen funktionieren (z.B. für die Offiziere der Kommunikationszelle), jedoch ist die Einbindung in der realen Welt nicht zu vernachlässigen.
- Der Umgang mit der Ausübung der Funktion (gute Produkte, Dokumentvorlage, Erfahrung und ein einfaches, zweckmässiges

Cloud-System bzw. gute Vernetzung) weisen einen hohen Stellenwert auf.

- Distanz-Learning weist eine durchschnittliche Akzeptanz v. 70%, wenn dieses mit einer Minderung der Anwesenheit gekoppelt ist. Distanz-Learning ist vor allem ein Thema für die Kaderschulen.

- Distanz-Learning ist ein möglicher Armee-Beitrag für eine bessere Vereinbarkeit von Militär- und Zivilbereich.

Konsequenzen

- Innerhalb des Brigadestabs ist das Modell Home-Office für ausgewählte Funktionen zu prüfen.

- Die Aktualisierung und aktuellen Produkte und Dokumentenvorlagen sollen jedem Stabsoffizier auch ausserhalb des Dienstes permanent zur Verfügung stehen (prüfen).

- Der Trend des Distanz-Learnings an der Höhere Kaderausbildung der Armee (HKA) ist als möglicher Stossgedanke weiterzugeben (Alternative).

- Distanz-Learning und Home-Office sollen als mögliche, wachsende Trends aufgenommen werden (langfristige Planung).

Tabelle 2-5: AEK, Forschungsfrage: Künftige Arbeitsmethoden und Verhalten | Quelle: Autor

2.3.1.4 *Forschungsfrage: Umgang mit Veränderung*

Frage: Sind die jetzigen Leader bereit, mit Veränderung (im Leadership-Führungsstil) umzugehen?

- Die Konsolidierung basiert auf den Fragen 23, 42, 48, 91, 95, 109, 118, 122, 126, 127, 130, 131, 132, 137, 138.

- These (Autor): Die Bereitschaft für Veränderung ist vorhanden, jedoch schwierig umzusetzen. Das Team stellt einen wichtigen Erfolgsfaktor dar.

Erkenntnis

- Die meisten gestellten Fragen sind aufgrund der gelesenen Literatur entstanden (siehe Anhang 08). Die Fragen weisen eine Zukunftsperspektive/Trends auf (23, 42, 95, 109). Das Resultat ist erfreulich. Das zeigt, dass den Befragten die Bedeutung und die

Wichtigkeit der heutigen bzw. künftigen Anforderungen klar sind.

- Der Bauchgefühl-Entscheid fand einen höheren Konsens im Umgang mit Personal und im Bereich Privatleben. Im Beruf ist dieser deutlich unter dem Durchschnitt. Dies ist mit der latenten Kritik- und Fehlerkultur zu erklären. Im Einklang mit Angang 8 kann eine weitere Erklärung die fehlende Erfahrung sein. Desto mehr Erfahrung man mitbringt, desto leichter ist ein Entscheid nach Bauchgefühl zu fällen.

- Das Gros der Befragten führt gerne über klare Zielvorgaben resp. möchte gerne derart geführt werden (Auftragstaktik). Auftragstaktik, Kooperative, Vorbildwirkung, Glaubwürdigkeit, Zielvorgaben, Sinnvermittlung und Flexibilität sind wiederkehrende Konzepte. Durch eine zunehmende Technologisierung wird dieses Vorgehen mässig erschwert. Die Koexistenz von Befehls- und Auftragstaktik ist eine Tatsache. Ungefähr 40% sind gegenüber der Auftragstaktik eher skeptisch eingestellt.

- Bei den heutigen Generationen (X) Y hat die Bedeutung der Sinnvermittlung stark zugenommen. Das Konzept von Simon Sinek[73] „The Golden Circle" erweist sich als eine ausgezeichnete Methode, um dieses Bedürfnis abdecken zu können.

Konsequenzen

- Die erwarteten Führungsmerkmale sind jährlich zu thematisieren (TK, SK ...).

- Die Aspekte der Führung ab Truppenkörper sollten an Bedeutung gewinnen. Die weichen Faktoren sollten auch in der Ausbildung des höheren Kaders einen festen Platz einnehmen (Alternativen, HKA).

- Es geht darum, die Thematik der Auftragstaktik jährlich zu behandeln, und zwar mit dem Ziel, die negativen Aspekte des Mikromanagements zu vermeiden. Die Schulungsziele gewinnen somit an Relevanz und sollen künftig klar die Stärke bzw. die Schwäche eines Verbands aufzeigen.

---

[73] Sinek, *Partire dal perchè*.

- Die Führungsebene der Logistikbrigade (Kdt, Stv, SC, USC, Bat Kdt) ist für die Sinnvermittlung verantwortlich (das Warum), soll diese Methodik beherrschen und konsequenterweise in jeder Angelegenheit anwenden.

Tabelle 2-6: AEK, Forschungsfrage Umgang mit Veränderung | Quelle: Autor

2.3.1.5 *Forschungsfrage: Künftige Ausbildungserwartungen*

Frage: Wie gross bzw. welches sind die Ausbildungserwartungen der künftigen Leader?

- Die Konsolidierung basiert auf den Fragen 33, 36, 71, 90, 117.

- These (Autor): Beispiele sind gefragt, um fehlende Erfahrung zu kompensieren. Die Trennung der Fach- bzw. Führungskarriere ist eine Option. Eine vermehrte Ausbildungsflexibilisierung ist vorhanden.

Erkenntnis

- Generell sind die Vertreter der Generation X konservativer als die der Generation Y, die mehr Flexibilität aufweisen. Der Unterschied ist aber nicht gross.

- Eine Differenzierung der Fach- und Führungskarriere ist für die meisten eine wünschenswerte Entwicklung.

- Eine Differenzierung der Generalstabsausbildung/-laufbahn ist nicht auszuschliessen (späterer Einstieg im Korps und angepasste Ausbildung – Frage 33, 36).

- Erfreulich ist die Bereitschaft, sich nach der Entlassung aus dem Militärdienst im Bereich Führung/Führungstätigkeiten weiterzubilden. Nicht zu unterschätzen, ist auch die Erkenntnis, dass die Mehrheit bereit wäre, solche Kurse auf freiwilliger Basis zu besuchen (Frage 71). Solche Kurse können eine Nachhaltigkeit des Know-hows zugunsten der Offiziere sowie der Wirtschaft darstellen.

- Positiv ist auch die Bereitschaft, sich nach der Entlassung aus der Dienstpflicht weiter zu engagieren, wenn eine Mitfinanzierung z.B. an einem Executive Master of Business Administration (EMBA)-Programm durch die Armee angeboten wird. Im Gegenzug können solche erfahrenen und erfolgreichen Offiziere für ein

Think-Tank-Pool vorgesehen werden.

- Die Frage 117 zeigt klar, dass eine Differenzierung der Ausbildung eine weitere Erfolgschance bieten kann (Verhältnis Militär-Wirtschaft). Ein System, das erlaubt, die eigenen Stärken bzw. Schwächen zu verstärken bzw. zu verbessern, könnte einen weiteren Mehrwert für die Ausbildung (Qualität, Motivation) sowie für eine bessere wirtschaftliche Anerkennung bedeuten.

Konsequenzen

- Das Bedürfnis der Flexibilisierung des Generalstabsoffizier-Modells und eine Aufwertung der Fach- bzw. Führungskarriere ist für die ferne Zukunft zu prüfen (Alternativen, HKA).

- Zu prüfen ist, ob die MIKA (Management- Information- und Kommunikationsausbildung) oder das Zentrum für die Führungsausbildung die Refresh-Kurse im Angebot aufnehmen könnte (Alternativen, HKA).

- Ein Mitfinanzierungsprogramm (Teilnahme EMBA-Programm), begleitet durch ein entsprechendes Konzept (Einbindung im Think-Tank-System), soll gefördert werden (Alternativen, Ausbildungskommando).

- Ein modulares „ETCS"-Konzept soll geprüft werden (Alternative Ausbildungskommando).

Tabelle 2-7: AEK, Forschungsfrage: Künftige Ausbildungserwartungen | Quelle: Autor

2.3.1.6 *Forschungsfrage: Mehrwert Militär / Zivil*

Frage: Welches sind die konkreten Schritte/Tendenzen, um den Mehrwert Militär/Zivil zu erhöhen?

- Die Konsolidierung basiert auf den Fragen: 39, 75, 76, 88, 89.

- These (Autor): Flexibilität, Anerkennung militärische Ausbildung, Präsenz.

Erkenntnis

- Eine militärische Potenzialerfassung in Form eines Karrieren-Checks (Assessment) kommt bei den meisten Befragten sehr positiv an und zeigt, dass dies auch einen soliden Mehrwert für die Wirtschaft (und für die Person selber) darstellen kann (Frage 39).

Der Karrieren-Check ist auch positiv, weil er ohne Selektionscharakter zu verstehen ist (kein Druck).

- Bezüglich der Frage des Sinns und des Mehrwerts der Armee (Frage 75, 76) ist sich das Gros in Bezug auf die Wichtigkeit einig. Das zeigt auch eine interne Befragung der Absolventen der FLG II / SLG I an der Zentralschule in den Jahren 2014 und 2015, wonach der Nutzen für die zivile Funktion auf einer Skala bis 10 im Durchschnitt bei 7.69 lag. Die Umsetzung ist vielfältig (Verbesserung der Kommunikation, Anerkennung der zivilen Zertifikate, Zusammenarbeit mit Universitäten, Hochschulen und Kaderverbänden, bessere Sichtbarkeit usw.). Die Armee braucht eine klare Differenzierung. Ihr Produkt soll einen Mehrwert für die Wirtschaft darstellen, sich aber nicht an die Wirtschaft anpassen. Das Produkt muss einzigartig sein.

- Die Identifikationskraft und somit die Bereitschaft für eine militärische Ausbildung kann man erhöhen, indem man sich von der „Konkurrenz" abhebt (geboten werden z.B. viele Arbeitsstunden, viel Kritik, unangenehme Entscheidungen, viel Präsenz, viele Führungs-/Planungsprobleme und Misserfolge ...). Zusammengefasst heisst das, dass das Militär seine strategische Erfolgsposition (Differenzierung) klar definieren und seine Kernkompetenz (Führen unter erschwerten Bedingungen) ins Zentrum stellen muss.

- Interessant ist auch die Bereitschaft, sich als Coach für die Lösung privater Probleme zu engagieren. Gemäss Befragten könnte dieses Engagement die Akzeptanz in der Wirtschaft erhöhen.

Konsequenzen

- Die Möglichkeit, ein solches Konzept[74] in der Armee einzuführen, ist zu prüfen (Alternativen, HKA-Militärakademie (MILAK)).

- Im Bereich Sinnvermittlung ist ein Konzept für die Differenzierung (bezüglich Mehrwert ziv. Ausbildung) zu erarbeiten (Varianten, Log Br 1, Konzept und Ausbildungskommando).

---

[74] Gem. persönlichem und informellem Gespräch (29.04.16) mit Dr. Hubert Annen, Dozent Militärpsychologie und -pädagogik, Militärakademie an der ETH Zürich, wäre eine Option, dass die MilAk in der Entwicklung oder Begleitung mitmacht.

> • Es ist zu prüfen, ob ein Coach-Konzept möglich wäre (Alternativen, HKA-MIKA).

Tabelle 2-8: AEK, Forschungsfrage: Mehrwert Militär / Zivil | Quelle: Autor

2.3.1.7 Fazit Fragebogen

Das Ergebnis der Umfrage bestätigt die theoretische Diskussion und deckt sich grossteils mit der These des Autors, dass die Trends in der Führung den Befragten bekannt sind und die Bereitschaft zu Veränderung, Flexibilisierung und Vereinbarkeit und Vernetzung als wichtige Elemente betrachtet werden. Obwohl die meisten Konsequenzen in den Bereich der Alternativen fallen, ist es auch für die Logistikbrigade 1 wichtig, die Resultate beim eigenen Handeln zu berücksichtigen.

2.3.2 Bewertung der Umwelt- und Unternehmensfaktoren

2.3.2.1 SWOT-Analyse

Bei der SWOT-Analyse (Anhang 12) geht es darum, die Hauptelemente des Umfelds denen der Logistikbrigade gegenüberzustellen. Als Elemente gelten jene Faktoren, die das Leadership und die Einsatzbereitschaft beeinflussen können. Der Output ist in den Strategien Strengths-Opportunities (SO), Strengths-Threats (ST), Weakness-Opportunities (WO) und Weakness-Threats dargestellt. Die Beurteilungselemente in den vertikalen (Log Br 1) und den horizontalen Feldern (Umfeld) basieren auf der theoretischen Diskussion und auf der persönlichen Erfahrung des Autors.

Die vier Theorien sind die Antwort auf die folgenden Fragen:[75]

- SO-Theorie: Haben wir die Stärken, um Chancen zu nutzen?
- ST-Theorie: Haben wir die Stärken, um Risiken zu bewältigen?
- WO-Theorie: Welche Chancen verpassen wir wegen unserer Schwächen?
- WT-Theorie: Welchen Risiken sind wir wegen unserer Schwächen ausgesetzt?

---

[75] Hungenberg, *Strategisches Management in Unternehmen*, 86.

SWOT-Analyse

SWOT-Analyse Horizontal: Umfeld Vertikal: Logistikbrigade 1	Chancen – Opportunities • Führungskräfte sind gefragt • Technologie • Kommunikation und Soziale Medien • Anerkennung des Mehrwerts als Kader	Gefahren – Threats • Konkurrenz Bildungslandschaft (Angebote an Führungsausbildung) • Mehrwert der militärischen Ausbildung nicht anerkennen • Belastung aufgrund des erhöhten Engagements bei der Armee
Stärke – Strengths (+) • praktische Führungserfahrung • Arbeitsklima • Ausbildung zugunsten der Unterstellten • Bereitschaft, zu dienen	**SO-Strategie** 1. Verwendung v. Sozial Media und Schaffung von Of-Medien 2. Softskill thematisieren, Kultur weiter pflegen 3. neue Kommunikationsstrategie (Mensch/Team im Mittelpunkt)	**ST-Strategie** 1. Differenzierungsstrategie erarbeiten 2. neue Kommunikationsstrategie (Mensch/Team im Mittelpunkt)
Schwäche – Weakness (-) • Know-how und Wissenstransfer (Funktionswechsel) • Sinnvermittlung und Kommunikationsstrategie • Ausgewogenheit zwischen Ausbildung und Selbsttraining (Br Stab) • Effektivität bei Prozessen	**WO-Strategie** a) Mehrwert für die militärische Ausbildung klar kommunizieren b) Motivation und Bereitschaft zur Kaderausbildung fördern c) Erfahrungsweitergabe effizienter planen (Ressourcen und Prozesse)	**WT-Strategie** a) Minderung des Mehrwerts einer militärischen Ausbildung b) Senkung der Motivation (Einsatzbereitschaft)

Tabelle 2-9: SWOT-Analyse, Umfeld und Log Br 1 | Quelle: Autor

2.3.2.2 Zusammenfassung der SWOT-Analyse

Aussage
• SO-ST-WO-WT Strategien: Sinnvermittlung und Prozesse effektiver gestalten.

Erkenntnis
• Die Logistikbrigade (Anhang 13) weist ein recht positives Arbeitsklima, Kameradschaft und eine gute Ausbildung und Führungskultur auf. Die Prozesse der Organisation sind effizient, jedoch in der Effektivität noch ausbaubar.
• Die Sinnvermittlung und die Kommunikationsstrategie benötigen eine intensive Auseinandersetzung. Konkret heisst das, dass die *Soft Skills* in der Ausbildung aufzunehmen und der Mensch in den Mittelpunkt der Kommunikationsstrategie zu setzen ist.
• Der Wissenserhalt und das Know-how sollten durch die Prüfung der Prozesse verbessert werden (z.B. alle bürokratischen und wiederkehrenden Planungsarbeiten oder die Ausbildung (Planung, Wissenserhalt)).

Konsequenzen
• Ob der G7 künftig im Kommando der Log Br 1 eine Berufsstelle mit gleichzeitiger Ausübung der Milizfunktion werden soll (Dauer Berufsjob = Milizfunktion), ist zu prüfen (Alternativen, Vorschlag vorgesetzte Kommandostelle).
• Zur Steigerung der Effektivität und Sinnvermittlung soll der Austausch der Funktion SC (als Milizfunktion) mit Stv Kdt als Berufsfunktion geprüft werden (Alternative, Vorschlag vorgesetzte Kommandostelle). Weiter sollen alle nicht notwendige bürokratischen Standardaufgaben dem Kdo Log Br Büro abgegeben werden.
• *Soft Skills* sollen einen wichtigeren Platz innerhalb der Ausbildung finden (Varianten).
• Im Bereich Kommunikation soll eine neue, offizielle Funktion als Social-Media-Offizier geschaffen werden (Alternative, Vorschlag vorgesetzte Kommandostelle).

Tabelle 2-10: AEK, Zusammenfassung der SWOT-Analyse | Quelle: Autor

2.4 Handlungsrichtlinien für die Erarbeitung der Varianten

In diesem Kapitel geht es darum, die in der Einführung aufgestellten Thesen (Kap 1.3.1) zu kommentieren und zu begründen. Die im zweiten Kapitel gezogenen Konsequenzen dienen der Erarbeitung der Varianten.

- These 1: Die Leistung kann durch ein starkes Leadership erhöht werden. Die Sinnvermittlung kann dabei ein zentrales Erfolgselement sein.

- These 2: Durch eine erfolgreiche Sinnvermittlung kann die Bereitschaft der Einzelnen sowohl im privaten als auch im militärischen Bereich erhöht werden.

- These 3: Die Eigenschaften der Menschengenerationen sollen jedem Verantwortlichen klar sein. Obwohl sich die Menschen schlecht in Generationen einbinden lassen, geben einzelne Verhaltensmuster die Möglichkeit, unser Gegenüber besser zu verstehen.

- These 4: Die rasche technologische Entwicklung wird auf das Leadership grossen Druck ausüben. Obwohl die Auftragstaktik ein zentrales Element bleiben muss, ist durch die Vernetzung und die Notwendigkeit, rasch zu handeln, eine Koexistenz mit einer Befehlstaktik nicht auszuschliessen. Es gilt trotzdem, ein Micromanagement (negative Auffassung) zu verhindern.

- These 5: Das Militär ist für eine VUCA-Welt gerüstet. Verantwortliche müssen ihre Unterstellten intensiv darin schulen. Um erfolgreich zu sein, muss man zwischen VUCA-/ und SSEE Welt arbeiten können.

- These 6: Diese These wird bereits mit der These 4 beantwortet. Zusätzlich ist wird es noch wichtiger, eine gesunde Kritik- und Fehlerkultur zu fördern und zu pflegen.

2.5 Fazit

Das Ziel dieses Kapitels war es, anhand des Landschaftsmodells die Vielfältigkeit des Leaderships darzustellen. Weiter ging es darum, das Umfeld und die Unternehmer zu analysieren und Konsequenzen (Anhang 7) für die Erarbeitung der Varianten zu finden. Die Thesen sollen im Weiteren die Handlungsrichtlinien für die Erarbeitung der Varianten darstellen.

3 Lösungsvarianten

In diesem Kapitel sollen folgende Fragen beantwortet werden:

- Welche Voraussetzungen benötigt das künftige Leadership?
- Welche Faktoren sind bedeutsam, um die Leistungsbereitschaft der Log Br 1 zu erhöhen?
- Wie charakterisieren sich die Varianten?
- Wie lauten die Alternativen?

Den Kern dieses Kapitels bilden zwei klare Varianten und Alternativen in Form eines möglichen Vorschlagkatalogs.

3.1 Trend

3.1.1 Schweizer Leadership

Die Führungskräfte in der Schweiz können untereinander und mit ihren Unterstellten in mehreren Sprachen kommunizieren, und zwar in den Landessprachen und in Englisch. Schweizer Leader verwenden meist eine indirekte Wortwahl und implizieren Gedanken. Insgesamt ist das Schweizer Leadership von Zurückhaltung, Vorsicht und gesundem Menschenverstand gekennzeichnet.[76] Eine Ausnahme bildet das militärische Leadership mit seiner direkten Wortwahl (ohne Interpretationsmöglichkeit). Der Unterschied zwischen der wirtschaftlichen und der militärischen Führung sollte auch in der Ausbildung thematisiert werden, um eine Akzeptanz und ein besseres Verständnis für das militärische Handeln zu ermöglichen.

3.1.2 Leadership von morgen ist schon heute zu hinterfragen

In der Trendstudie „*Zukunft der Führung*"[77] heisst es: „Die Produktivität der Wissensarbeit zu steigern, ist nicht mehr ausschliesslich die

[76] Richard D. Lewis, *Cross-Cultural Communication: A Visual Approach ; a Major New Edition of the Visual Guide to Cross-Culture*, 2. ed., rev (Warnford, Hampshire: Transcreen Publ, 2008), ff 135–191, 193–249.

[77] Gürtler und GDI Gottlieb Duttweiler Institut, «Die Zukunft der Führung. Eine Trendstudie».

Aufgabe des Managements, sondern auch der Beschäftigten selbst."[78] Frank Baumann-Habersack ist in „*Mit neuer Autorität in Führung*"[79] der Überzeugung, dass „die Hauptaufgabe der Führungskraft nicht das Exekutieren von Strategien, sondern das Entwickeln von Mitarbeitern" ist.[80] Er schreibt zudem: „Individualisierung, Flexibilisierung und Vernetzung vermindern den Wert der grossen Vorteile hierarchischer Organisationen."[81] In der heutigen Gesellschaft gibt es eine grosse Gefahr, nämlich das karrierefördernde „Alles-im-Griff-haben-Wollen" und die steigende technische Komplexität der heutigen Systeme.

Im Artikel „*Mikromanagement: Ein verhängnisvoller Trend für erfolgreiche Führung*" berichtet der Autor über die Gefahr des Mikromanagements. „Das Mikromanagement gewährleistet jedoch den kurzfristigen und kurzzeitigen Erfolg. Wenn man alles innerhalb von kurzer Zeit unter Kontrolle bringt, hat man die Chance, sich zu profilieren und in die nächsthöhere Verantwortlichkeitsstufe zu gelangen."[82] Die technische Entwicklung hat auch dazu geführt, dass die Vernetzung, der Druck auf die Hierarchiestufe und der Zeitzwang Führungskräften erschweren, den richtigen Mix zwischen Auftragstaktik und Befehlstaktik zu finden. Quentin R. Skrabec, Autor von „*La Regola di San Benedetto per il successo negli affari*", antwortete in einer privaten Korrespondenz mit dem Autor der vorliegenden Arbeit auf die Frage, welches künftige Leadership wo am meisten notwendig ist, Folgendes: *'I believe it's at the middle management (captain and major level). Napoleon was the first to realize this fully. Strategic plans needed to be adapted according to battle conditions. Decisions have to be made on the fly on the battlefield – the middle officers were the key on the field. Napoleon used his generals for strategy, but command and control tactics were delegated to field officers. Once the battle began his generals were but*

---

[78] Ebd., 11.

[79] Frank Baumann-Habersack, *Mit neuer Autorität in Führung: warum wir heute präsenter, beharrlicher und vernetzter führen müssen* (Wiesbaden: Springer Gabler, 2015).

[80] Ebd., 149.

[81] Gürtler und GDI Gottlieb Duttweiler Institut, «Die Zukunft der Führung. Eine Trendstudie», 4f

[82] Alessandro Rappazzo, «Mikromanagement: Ein verhängnisvoller Trend für erfolgreiche Führung», *ASMZ (Allgemeine Schweizerische Militärzeitschrift)*, Mai 2015, 48.

observers.'[83]

Mikromanagement führte z.B. zum Verlust des strategischen Denkens der U.S. Army. *"When strategy becomes inexplicable, the natural tendency is to retreat into tactics.'[84]* Je mehr Chefs in allen Bereichen mitwirken, umso weniger Schwerpunkte können sie setzen. In der Zukunft sollten Vorgesetzte nur die eigenen Verantwortungsbereiche organisieren. „Im negativen Sinne löst das Mikromanagement auf direkte Weise das Problem, das viele Führungskräfte haben, nämlich die Unfähigkeit zu delegieren. Delegieren wird dabei als Einbezug der unteren Ebenen in die Verantwortung verstanden.[85] Mikromanagement ist aber auch positiv zu sehen, indem die Vorteile der Technik zugunsten des Auftrags sinnvoll genutzt werden können.

3.1.3   Team bzw. militärischer Stab

Die Rolle des Teams wird in den nächsten Jahren zusätzlich an Bedeutung gewinnen. Als Erinnerung: Die technologische Komplexität innerhalb der VUCA-Welt spielt eine dominierende Rolle. Laut Harvard Business Review in *Collaborative Overload* hat in den letzten zwei Jahrzehnten die Zeit der Zusammenarbeit um mindestens 50% zugenommen.[86] Das bedeutet, dass immer weniger Silo-Denken gefragt ist und Mitarbeitende ihre Leistungen immer organisationsübergreifender bringen müssen.

Wie das perfekte Team aussieht, ist sicher eine Frage, die sich jede Führungskraft stellt. Es gibt so viele Antworten wie Führungskräfte. Keine ist richtig, keine ist falsch. Benedikt Weibel weist in seinem Buch „*Simplicity – die Kunst, die Komplexität zu reduzieren*" darauf hin, wie wichtig es ist, Muster zu erkennen und somit gezielt Lösungen zu

---

[83] Privat E-Mail Korrespondenz Autor, 26.12.2015, 22.05.

[84] Thomas E. Ricks, *The generals: American military command from World War II to today*, Oktober 2012 (New York: Penguin Press, 2012), 284.

[85] Rappazzo, «Mikromanagement», 49.

[86] Rob Cross, Reb Rebele, und Adam Grant, «Collaborative Overload», *Harvard Business Review*, Februar 2016, https://hbr.org/2016/01/collaborative-overload.

erarbeiten.[87] Das ist sicher ein wichtiger Ratschlag und für die meisten Themen verständlich, jedoch ausgerechnet für einen Menschen, der alles zu katalogisieren versucht, scheint es nicht einfach, ein Muster zu finden.

Das stellte auch Google in einer Studie mit dem Ziel, die Zusammenarbeit des perfekten Teams zu untersuchen, fest.[88] Das Resultat ist bemerkenswert: Die Fähigkeiten der einzelnen Mitglieder sind nicht im Rampenlicht. In weitesten Sinne kann man ein Muster finden, nämlich die Gruppendynamik, in der die Normen, die Traditionen, das Standardverhalten und die ungeschriebenen Regeln die Hauptrolle spielen. *„The right norms, in other words, could raise a group's collective intelligence, whereas the wrong norms could hobble a team, even if, individually, all the members were exceptionally bright.''*[89] Der Ausspruch, dass man mit demjenigen zusammenarbeiten muss, den man zur Verfügung hat, passt genau in dieses Szenario. Auch im Sport ist nicht selten zu hören, dass durchschnittliche Teams stärker sind als diejenigen, die mit Stars besetzt sind. Ein weiterer interessanter Aspekt dieser Studienergebnisse sind zwei erkennbare, wiederkehrende Verhaltensweisen, nämlich das aktive Mitmachen der Mitarbeiter und der höhere Durchschnitt an sozialer Sensibilität. Die kollektive Intelligenz ist auch gefährdet, wenn „only one person or a small group spoke all the time"[90] und wenn die Empathie innerhalb eines Teams Mangelware ist. Rapporte sind „nie als Monologe zu gestalten. Vielmehr sollen alle Beteiligten etwas beitragen können."[91] Das sind keine Aussagen einer modernen, hochentwickelten Studie. Sie stammen aus der Broschüre „Gedanken zur Führung" der 1980er Jahre. Alt, aber noch hoch aktu-

---

[87] Benedikt Weibel, *Simplicity - die Kunst, die Komplexität zu reduzieren* (Zürich: Verl. Neue Zürcher Zeitung, 2014).

[88] Charles Duhigg, «What Google Learned From Its Quest to Build the Perfect Team», *The New York Times Magazine*, 25. Februar 2016, http://www.nytimes.com/2016/02/28/magazine/what-google-learned-from-its-quest-to-build-the-perfect-team.html.

[89] Ebd.

[90] Ebd.

[91] Ausbildungschef der Armee, «Gedanken zur Führung. Broschüre für Schulkommandanten und Instruktoren» (Schweizer Armee, Oktober 1981), 25.

ell. Die Umsetzung in die gegenwärtige Realität bleibt jedem selbst überlassen.

Bezüglich der Frage, welche Teams oder Stäbe gebraucht werden, führt Prof. Markus Hengstschläger in seinem Buch „*Die Durchschnittsfalle, Gene-Talente-Chancen*"[92] den Leser zu einer interessanten Überlegung: Wenn man nur einen Durchschnittsfall anstrebt, wird man beim Lösen von Problemen keine Kreativität entwickeln bzw. keinen Erfolg haben. „Der Durchschnitt bedeutet Stillstand."[93] Stäbe und Teams sind da, um zu dienen und Herausforderungen zu meistern. Eine zu starke Standardisierung der Gruppen führt zu einer Erfolgsminderung, da die Resultate aller Beteiligten in der Durchschnittsfalle landen. Problemlösung bedingt Kreativität, Diversität und schlussendlich auch eine Dosis Individualität. Was Teams brauchen, ist sicherlich eine gemeinsame Sprache und ein Kernprozess. Das Militär kennt beispielsweise die 5+2-Regel (Führungsfähigkeiten)[94] sowie die Prozesse der Führung.[95]

Gemäss Artikel 5 des gleichen Reglements[96] hat der Chef die Kompetenz, die Prozesse aufgrund der Lage anzupassen (Flexibilität, Agilität). Die Aussage Hengstschlägers, dass neue Lösungen auch mehr Individualität brauchen, kann anhand des folgenden Beispiels erklärt werden. Was haben Lara Gut, Marc Girardelli, Alberto Tomba, alles erfolgreiche Skiathleten, gemeinsam? Alle waren in einem Team, in dem es standardisierte Trainingsprogramme gab. Jeder Athlet ist aber anders. Die drei Sportler hatten den Mut, innerhalb des Teams resp. parallel dazu ein besonderes und zielführendes Programm zu gestalten. Als Resultat zeigte sich deren Erfolg.[97] Das bedeutet, dass auch jeder Stab ein besonderes Programm braucht. Das

---

[92] Markus Hengstschläger, *Die Durchschnittsfalle: Gene - Talente - Chancen* (Salzburg: Ecowin-Verl, 2012).

[93] Ebd., 40.

[94] Schweizer Armee, «FSO 17 (Regl. 50.040 d)», 12.

[95] Ebd., 37.

[96] Ebd., 2.

[97] «Il Team Come i Girardelli: hanno sfidato Swiss-Ski», *Corriere del Ticino*, 14. März 2016, 25.

heisst somit, dass zu stark standardisierte Programme zur Mittelmässigkeit führen.

Unbestritten ist auch, dass Stäbe für den Kommandanten (Auftrag) einen Mehrwert generieren müssen. „Die Arbeit des Generalstabsoffiziers (und des Stabsoffiziers, Anm. d. A.) spielt sich hinter den Kulissen ab und ist am wertvollsten, wenn man sie von aussen nicht sieht. Geht es gut, so hat der Kommandant den Verdienst. Geht es schlecht, so ist der Generalstabsoffizier (und der Stabsoffizier, Anm. d. A.) in der Verantwortung, denn dafür ist er da. Die einzige Genugtuung dürfen Sie in dem Gefühl suchen, Ihrem Kommandanten nach bestem Wissen, Können und Gewissen gedient zu haben",[98] äusserte sich einst der alte Generalstabschef Theophil Sprecher von Bernegg (1850-1927). Selbstverständlich kommt auch die Zeit, um die Mitarbeiter, die im Hintergrund arbeiten, zu belohnen. Nicht, dass dies bis jetzt kein Thema war. Hier sind aber auch die Leistungen der „Schattenleute" besser zu erfassen und ihnen die richtige Beachtung (Karriereentwicklung) zu schenken. In einer Zeit, in der die Vernetzung gefragt ist und Silo-Denken kein Thema ist, ist es für die Führungskräfte wichtig, auch die transversalen Leistungen unter Kontrolle zu haben. *„Consider professional basketball, hockey, and soccer teams. They don't just measure goals; they also track assists."*[99] In diesem Bereich gibt es sicher noch Raum für Verbesserungen. Im ASMZ-Beitrag zeigte der Autor genau auf, wo die Chancen und Gefahren eines Stabes liegen.

Es folgt eine Tabelle mit den wichtigsten Handlungsrichtlinien, um die Stabsarbeiten effizient und effektiv zu gestalten (Auszug):[100]

---

[98] Hans Rudolf Kurz, *Oberstkorpskommandant Theophil Sprecher von Bernegg. Persönlichkeit, Wirken, Gedanken* (Toggenburger Verlag, 1981), 30.
[99] Cross, Rebele, und Grant, «Collaborative Overload».
[100] Alessandro Rappazzo, «Die sieben Todsünden der Stabsarbeit», *ASMZ (Allgemeine Schweizerische Militärzeitschrift)*, 2014, 43.

Name	Aktion
Drill	Stabsarbeit „leben", regelmässige Schulungen, sich immer von Neuem auf die Probe stellen, keine Angst davor haben, Fehler zu machen.
Aufbauen	Jede Gruppe hat eine eigene Dynamik, einen eigenen Weg. Eine Gruppe zu führen und sie gedeihen zu lassen, ist eine zwingende Notwendigkeit.
Aufwertung	Stärken hervorheben, Schwächen reduzieren oder neutralisieren.
Öffnung	geistig und intellektuell offen sein, sich immer auf dem Laufenden halten, immer neue und begehbare Wege suchen, nach Lösungen suchen, flexibel sein.
Prozesse	Prozesse definieren, Agilität und Nutzen suchen, regelmässig den Nutzen bewerten.
Handeln	agieren anstatt nur reagieren.
Glauben	in seine Handlungen vertrauen, an die Unterstellten glauben, an den Erfolg glauben.
Sein	Unsere Rolle innerhalb des Stabes ist kein Selbstzweck.
Fördern	keine Angst davor haben, kritisiert zu werden oder zu kritisieren, eine Arbeitskultur fördern, die auf Wertschätzung und Zusammenarbeit basiert, darauf bestehen, immer bereit für Neues und Unbekanntes sein.

Tabelle 3-1: Gegenmittel für Laster | Quelle: Autor

Es ist klug, das Folgende nicht zu vergessen: „*When companies try to optimize everything, it's sometimes easy to forget that success is often built on experiences – like emotional interactions and complicated conversations and discussions of who we want to be and how our teammates makes us feel – that can't really be optimized.*"[101] Fazit: Ja zu mehr Effizienz, ohne die kollektive Intelligenz zu unterdrücken.

3.1.4 Eigenschaften der Führungskräfte

„Führen heisst, das Handeln aller an einer Aufgabe Beteiligten auf die

---

[101] Duhigg, «What Google Learned From Its Quest to Build the Perfect Team».

gesetzten Ziele auszurichten. Begriffsmerkmale des Führens sind: die Fähigkeit zum Überblicken des Handlungsbereiches, der Wille der leitenden Persönlichkeit, ihr Einfluss auf andere Menschen, eine klare Zielsetzung und die Koordination der Tätigkeit aller Mitarbeiter."[102] Das Dienstreglement der Schweizer Armee beschreibt unmissverständlich, was Führung ist: Führung ist Führen durch Auftrag, Mitdenken und Engagement, Verantwortung, Disziplin, Information, Kommunikation, Vorbild, Zusammenhalt und Leistung. Alle Faktoren gelten auch für die Zukunft.[103] Deren Anwendung (oder Missachtung) ist Angelegenheit jedes Einzelnen.

Im Kapitel 2 wurde aufgezeigt, dass die Erwartungen der jeweiligen Menschengeneration eine wesentliche Rolle spielen können. Die Anhänge 8 und 9 zeigen ein breiteres Spektrum an vergangenen und neuen Tendenzen der Führung. Es zeigt sich, dass nichts Neues hinzugekommen ist. Die Broschüre der Schulkommandanten der 1980er Jahre[104] ist wie das Buch von Sun-Tzus[105] auch heute noch aktuell. Neu sind die Aspekte, dass der Mensch mehr in den Mittelpunkt rückt, die Zusammenarbeit von grosser Bedeutung ist und die Fähigkeit zu kommunizieren immer wichtiger wird. Die Anhänge 2 (Führungsphilosophie) und 9 (Führungsprinzipien) zeigen Beispiele auf, die der Autor erlebt hat. Im besonderen Blickfeld ist die Fähigkeit einer Führungskraft (eines Leaders) zur Bescheidenheit und zum Gehorsam.[106] Dem Buch „*Mit neuer Autorität in Führung*" und den im Anhang 08 erwähnten Schlüsselkompetenzen[107] ist besondere Beachtung zu schenken. Besonders wichtig sind die Fähigkeiten der aktiven und ehrlichen Präsenz und der Selbstkontrolle (als eigene Verantwor-

---

[102] Ausbildungschef der Armee, «Gedanken zur Führung», 4.

[103] Schweizer Armee, *Dienstreglement DR 04 mit Disziplinarstrafordnung*, Reglement 51.002 d (Schweizer Armee, 2011), 5–7.

[104] Ausbildungschef der Armee, «Gedanken zur Führung».

[105] Donald G. Krause, *Die Kunst des Krieges für Führungskräfte: Sun Tzus alte Weisheiten - aufbereitet für die heutige Geschäftswelt*, Redline Wirtschaft bei Verlag Moderne Industrie (München: Verl. Moderne Industrie, 2002).

[106] Quentin R Skrabec, *La regola di san Benedetto per il successo negli affari* (Roma: Hermes Edizione, 2007).

[107] Baumann-Habersack, *Mit neuer Autorität in Führung*, 6.

tung). Führungskräfte sollen somit Begriffe wie soziale Kompetenz/Intelligenz sowie kollektive und emotionale Intelligenz verstehen und dafür Sorge tragen.

Integrität ist sehr wichtig. Leader ohne Integrität können weder begeistern, noch Vertrauen gewinnen. Integrität ist somit die Summe verschiedener Fähigkeiten, wie Bescheidenheit, Kulturkritikfähigkeit, Kompetenz des aktiven Zuhörens und Handlungsfreiheit. *Ça urge de prendre le temps.* (Nicht jede Aufgabe untersteht dem Feuer der Dringlichkeit.) Integrität begünstigt Vertrauen.

3.1.5 Lectio Divina (göttliche Lesung)

Im Kapitel 2 wurde festgestellt, was Leadership impliziert. Zusätzlich wurden die Leadership-Eigenschaften unter die Lupe genommen. Um die Komplexität zu reduzieren, werden die Besonderheiten des Leaderships in der folgenden Grafik basierend auf der Maslow'schen Bedürfnis-Pyramide dargestellt.

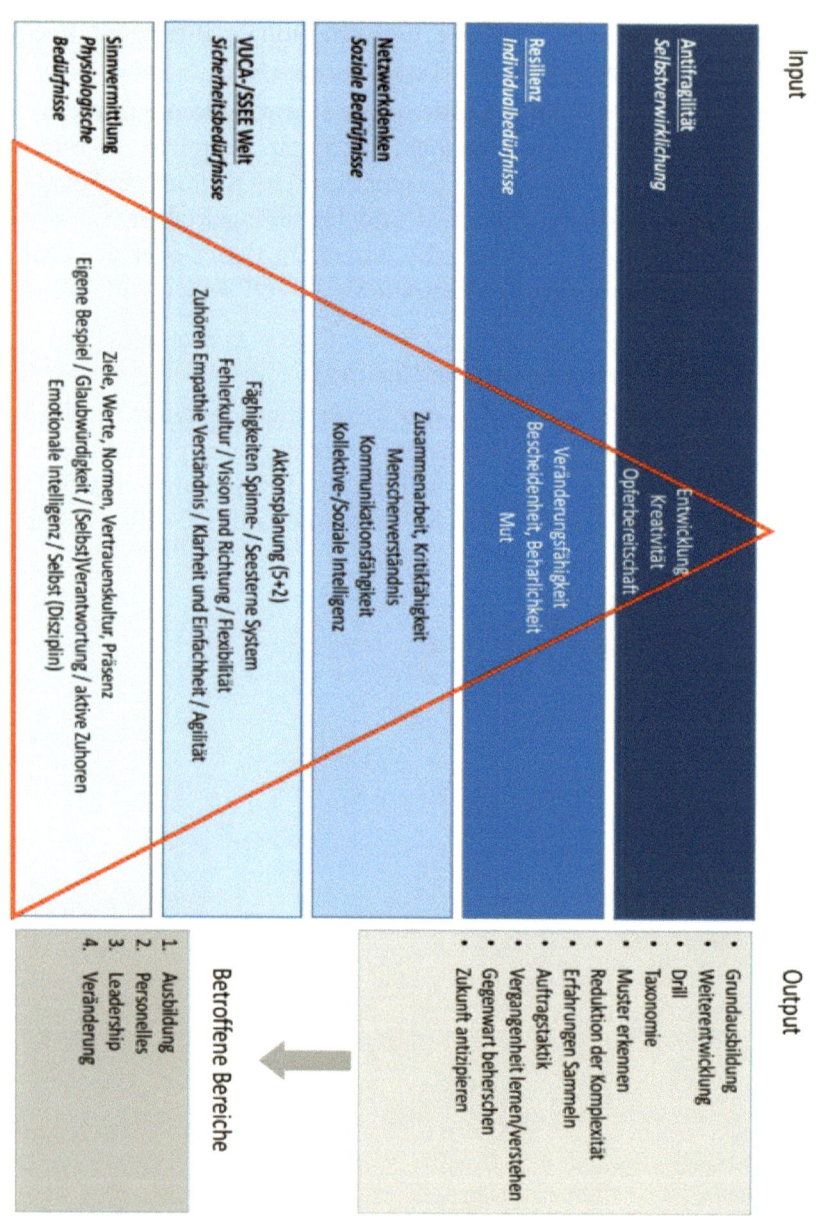

Abbildung 3-1: Maslow'sche Leadership-Bedürfnis-Pyramide (Teil 1) | Quelle: Autor

Auf der linken Seite der Abbildung 3-1 befinden sich die künftigen Herausforderungen für Leader. In der Pyramide stehen Antworten, wie die Herausforderungen erfolgreich gemeistert werden können. Auf der rechten Seite sind die Bereiche angeführt, denen die Organisation Beachtung schenken muss. Wenn man das Input als Aussage und das Output als Erkenntnis betrachtet, kann man die betroffenen Bereiche als Hauptkonsequenzen für die Logistikbrigade 1 ableiten.

3.1.6 Führen heisst entscheiden

Zu führen heisst, zu entscheiden. In militärischen Kontext ist die Taktik ein Wechselspiel zwischen objektiven/subjektiven Werten und Risiko. Das Ziel ist es, die objektiven Werte zu vergrössern und gleichzeitig die subjektiven Werte zu verkleinern. Der Rest ist Risiko (und Sache des Chefs). Führung kann mit Taktik verglichen werden (siehe Abbildung 3-2). Auch in diesem Fall muss der Chef in der Lage sein, Entscheidungen zu treffen. Diese Entscheidungen durch den Vorgesetzten sollen akzeptiert werden, auch wenn sie nicht immer allen gefallen.

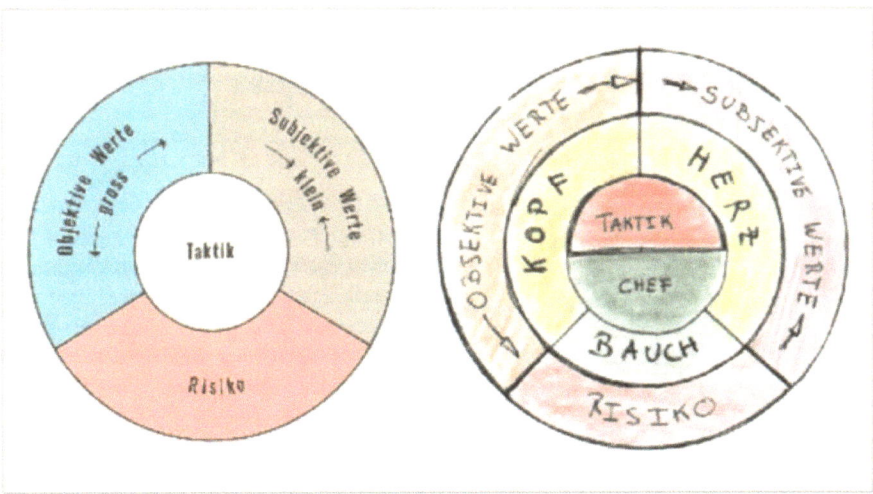

Abbildung 3-2: Weiterentwicklung des Modells des Divisionärs Ritschard, Kdt Zentralschule (Kdt ZS), 1986-1989 | Grafik rechts: Autor

3.1.7 Trend

Aussage

- Die Logistikbrigade 1 ist mit einem Unternehmen vergleichbar (trotz seiner Milizkomponenten ähnliche Führungsproblematik wie bei einer zivilen Organisation).

- Die *Soft Skills* sind in der aktuellen Organisation ein wichtiger Aspekt. Dessen ungeachtet sind Verbesserungsmöglichkeiten vorhanden. *Soft Skills* sollten in der Ausbildung einen festen Platz finden (siehe Pyramide).

- Auftragstaktik und Selbstkontrolle sind erkannte, wichtige Fähigkeiten.

- Die Chefs sollen mit ihrer Präsenz als Beispiel wirken und die Sinnvermittlung fördern.

- Kommunikation heisst auch, den Puls der Unterstellten besser zu hören, Tendenzen zu spüren und Zukunft zu antizipieren.

Erkenntnis

- Unternehmensgrundsätze, wie z.B. Vision, Leadership, Kreativität, Kommunikation und Personalpolitik, sind zu definieren.

- Kulturkritik, Selbstkontrolle und aktives Zuhören weisen grosses Verbesserungspotenzial auf.

- *Soft Skills* sollten in die Strategie eingebettet sein und plan- und regelmässig ein Ausbildungsthema werden.

- Auftragstaktik ist ein bekannter Begriff. Die Schwierigkeit liegt in deren Umsetzung. Der Druck der Technologie sollte aber kein Grund sein, zu Mikromanagement oder Befehlstaktik zu wechseln. Die eigene Verantwortung unter dem Motto „agieren statt reagieren" soll gefördert werden.

- Um die wirksame Chef-Präsenz zu fördern, sollten unnötige administrative Tätigkeiten reduziert werden. Präsenz ist auch die Befähigung, die Unterstellten zu motivieren, zu fördern und weiterzubilden.

- Das Kommunikationskonzept sollte durch eine nachhaltige Kommunikationsstrategie ersetzt werden.

- Der Nachbearbeitungsprozess soll als Konsequenz der *Soft Skills*

an Wichtigkeit gewinnen, indem auch die Diskussionen und der Erfahrungsaustausch gefördert werden.
Konsequenzen • Erarbeitung einer Logistikbrigade-Unternehmenskultur-Strategie. • Integration der *Soft Skills* (und Nachbearbeitungsprozess) in die Ausbildung der Log Brigade (Variante). • bessere Ausbildung in Bezug auf die *Soft Skills* an der Zentralschule (Alternative). • Erarbeitung (siehe Beispiel[108] in Anhang 14) einer Leader-Entwicklungsbroschüre durch die Zentralschule, Führungsausbildung der unteren Milizkader (Alternative). • Überprüfung der bestehenden Prozesse mit dem Ziel, die Bürokratie zu reduzieren (Variante, ev. Alternative). • Erstellung einer nachhaltigen Unternehmens- bzw. Kommunikationsstrategie (Variante). • Schulung der Stabsarbeit, Volltruppenübungen, Stabsrahmenübungen sollten in einer sich ergänzenden Taxonomie vorgegeben werden, „file-rouge" für Stab und Truppe (Anhang 15). • Pyramide als Kompass der Strategie einbeziehen.

Tabelle 3-2: AEK, Trend | Quelle: Autor

3.1.8   Effektivität des Leaderships bei der Log Br 1

Im Kapitel 2.1.1 wurde festgestellt, dass der Begriff Leadership mehrere Interpretationen offenlässt. Das Landschaftsmodell zeigte das Verständnis des Autors auf. Anhand der Analysen wurde dargelegt, inwiefern die Umwelt das Leadership kontinuierlich beeinflusst. Basierend auf allen Erkenntnissen ist es nun an der Zeit, eine möglichst passende Definition zu skizzieren: *„Leadership is the process by which leaders and followers develop a relationship and work together toward a goal (or goals) within an environmental context shaped by cultural values and norms."*[109] Diese

---

[108] U.S. Army, «Leader Development Improvement Guide» (Center for Army Leadership, November 2012), https://msaf.army.mil.

[109] Matthew Sowcik, Hrsg., *Leadership 2050: Critical Challenges, Key Contexts and Emerg-*

75

Definition betont die Rolle des Umfelds und der Implikationen und festigt das durch den Autor vorgeschlagene Landschaftsmodell.

Die Abbildung 3-3 erfasst das geschätzte Potenzial der vorhandenen Einsatzbereitschaft der Logistik Brigade 1. Die Einschätzung basiert auf den festgestellten Trends, den Resultaten der Fragebogen und den persönlichen Erfahrungen. Die Abbildung soll den Lesern die Bereiche zeigen, bei denen am meisten Handlungsbedarf besteht. Diese Potenzialerfassung entspricht der jetzigen Stärke der Leadership-Bedürfnis-Pyramide (Abbildung 3-1).

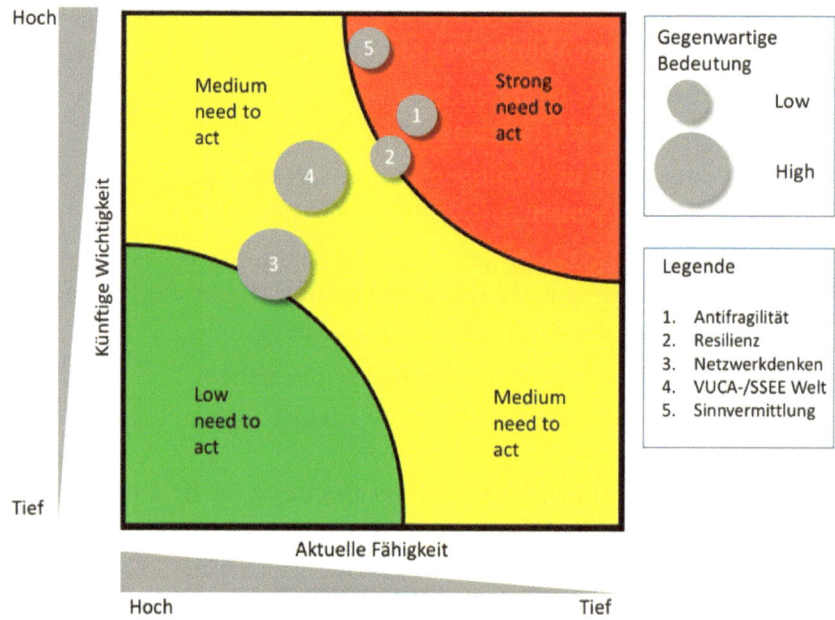

Abbildung 3-3: Potenzialerfassung Einsatzbereitschaft | Quelle: Autor

---

ing Trends, Building Leadership Bridges (Bingley: Emerald Group Publ, 2015), 2.

3.2 Überblick Varianten bzw. Alternativen

Im Kapitel 2 wurde die Rolle des Leaderships als Grundpfeiler des Erfolgs beschrieben. Heutzutage ist die Sinnvermittlung für das Leadership von zentraler Bedeutung. Die theoretischen Erkenntnisse werden im Buch v. Sinek[110] mit den Regeln des „Golden Circles" wirksam beschrieben. Der „Golden Circle" wird daher die Konzeption der Varianten und Alternativen prägen.

Zusammengefasst werden die Varianten und Alternativen auf die Sinnvermittlung (das Warum) ausgerichtet. Die Änderungen an den Prozessen oder in der Ausbildung werden das *Wie* darstellen. Das *Was* soll durch die Produkte gekennzeichnet sein. Die Varianten verfolgen das Ziel, die vorgeschlagene Pyramide (Abbildung 3-1) zu verstärken. Die Einschätzung der Potenzialerfassung bezüglich der Einsatzbereitschaft wurde in Abbildung 3-3 dargestellt. Die Pyramide stellt einen Kompass dar, dessen Wirkung stets zu überprüfen ist. Der Schwerpunkt der Varianten liegt in der Verstärkung der *Soft Skills*, wodurch Strukturänderungen notwendig werden. Bei den Alternativen werden alle notwendigen Konsequenzen konsolidiert. Alternativen sind somit alle Massnahmen zur Verbesserung der Einsatzbereitschaft, die entweder für die ganze Armee relevant sind oder einer Bewilligung unterliegen. Es ist danach das Ermessen des Beauftragten, die notwendigen Anträge zu übermitteln.

Ein Ausblick auf die nächsten Schritte ist an dieser Stelle notwendig. Nachdem die zwei Varianten vorgestellt und die Alternativen beschrieben wurden, wird den Beauftragten eine Variante inklusive des Resultats aus den Alternativen im Kapitel 4 vorgeschlagen und begründet. Im Kapitel 5 wird die ausgewählte Variante in einer Planung umgesetzt. Beide Varianten beantworten die Frage, wie Sinnvermittlung mit dem Ziel, die Einsatzbereitschaft (durch das Leadership) zu erhöhen, wirksam gestaltet werden kann. Beide Varianten verfolgen, gestützt auf das Konzept des Landschaftsmodells Leadership (Abbildung 2-2) und die Leadership-Bedürfnis-Pyramide (Abbildung 3-1), dasselbe Ziel. Die Alternativen beantworten die Frage, wie die Einsatzbereitschaft (der Logistikbrigade 1) mit verschiedenen

---

[110] Sinek, *Partire dal perchè*.

Massnahmen nachhaltig erhöht werden kann.

3.3 Variante „VALANGA"

3.3.1 Schematische Darstellung der Variante

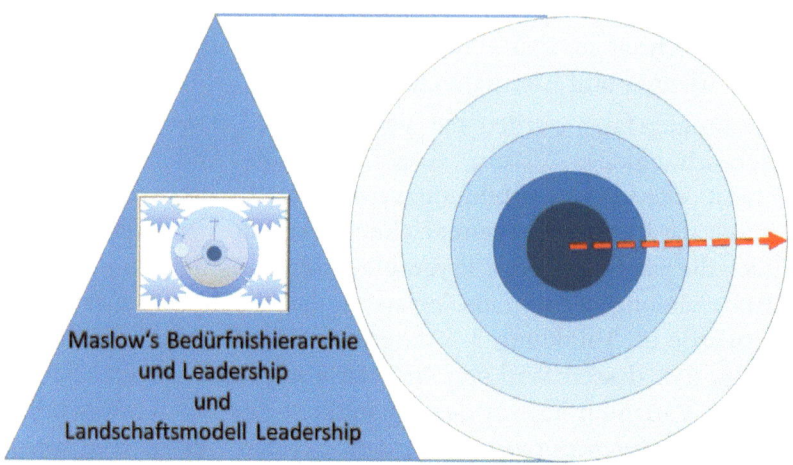

Abbildung 3-4: Variante „VALANGA" | Quelle: Autor

3.3.2 Beschreibung der Variante

Der Kommandant ist der Kern des Prozesses und für die Sinnvermittlung (*Warum*) verantwortlich. Mit seinem beispielhaften (informellen) Charisma soll er die Untergebenen sowie auch die unteren
Ebenen inspirieren und motivieren. Gleichzeit ist er für das *Wie* der
Folgestufe verantwortlich. Diese Folgestufe ist somit für die Umsetzung des Sinns (der Auftrag) verantwortlich. Sie übernimmt die Rolle
des Motivators, verstärkt das *Wie* und bestimmt beim *Was mit*.

3.4 Variante „ECO"

3.4.1 Schematische Darstellung der Variante „ECO"

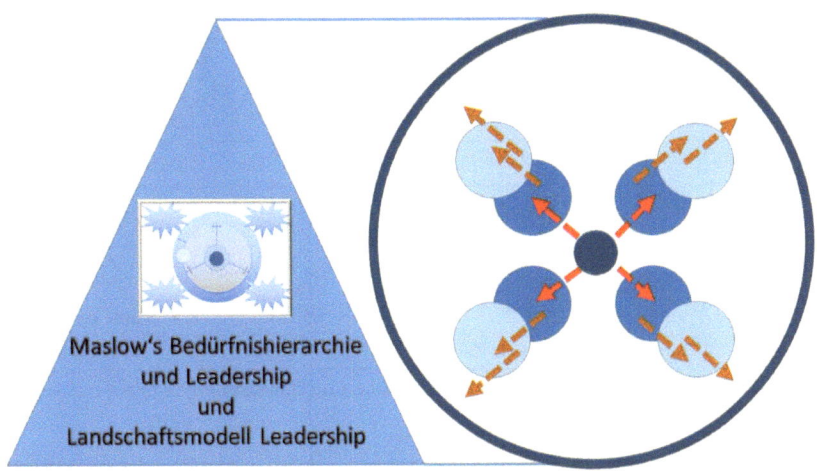

Abbildung 3-5: Variante "ECO" | Quelle: Autor

3.4.2 Beschreibung der Variante „ECO"

Der Kommandant engagiert sich in dieser Varianten, indem der Goldene Kreis seine direkten Unterstellten inspiriert und motiviert. Der Prozess ist für alle nächsten Stufen gleich. Jede Stufe ist somit für das *Warum*, das *Wie* und das *Was* verantwortlich. Damit ist nicht gemeint, dass jeder seinen eigenen Weg finden muss. Vielmehr ist die Absicht dieser Variante, dass alle Ebenen den Goldenen Kreis leidenschaftlich und im Sinne des Chefs umsetzen.

3.5 Vergleich der Varianten (Stärke und Schwächen)

Stärke (+)	Schwäche (-)	Stärke (+)	Schwäche (-)
• Sinnvermittlung • Nachhaltigkeit • auf das Ziel ausgerichtet	• Auftragstaktik • Rolle des Leaders • Diversität	• Auftragstaktik • Rolle des Leaders • Diversität	• Sinnvermittlung • Nachhaltigkeit • auf das Ziel ausgerichtet

Tabelle 3-3: Vergleich der Varianten (Stärke und Schwächen) | Quelle: Autor

Zu den Stärken und Schwächen der Varianten ist eine inhaltliche Erklärung notwendig. Wie Kapital 3.6 zeigt, sind beide Varianten machbar. Es geht darum, abzuwägen, welche Eigenschaft aufgrund einer Variante stärker oder schwächer ausfällt. In keinem Fall ist das Endziel (Erhöhung der Einsatzbereitschaft) gefährdet.

Sinnvermittlung	Wo wird das Verständnis der Sinnvermittlung am ehesten sichergestellt?
Nachhaltigkeit	Wo ist die Nachhaltigkeit stärker?
Auftragstaktik	Wie hoch ist der Grad der Handlungsfreiheit im Sinne des Prinzips „Auftragstaktik"?
Rolle Leader	Wo tritt der Leader in seiner eigenen Persönlichkeit am besten in Erscheinung?
Diversität	Welche Variante pflegt das Prinzip der Diversität und nicht des Durchschnittsfalls?
auf das Ziel ausgerichtet	Welche Variante ermöglicht rasch Änderungen aufgrund der VUCA-Welt-Einflüsse?

Tabelle 3-4: "Stärke-Schwäche", inhaltliche Erklärung | Quelle: Autor

3.6 Prüfung der Varianten

Beide Varianten sind gleichwertig in Bezug auf die Stärkung der Leadership-Bedürfnis-Pyramide (Abbildung 3-1) und haben als Schwerpunkt die Forderung nach weichen Faktoren. Die Varianten unterscheiden sich hauptsächlich in ihrer Philosophie. In der Variante „VALANGA" prägt der Kommandant das *Warum*[111] in allen Kaderstufen, während in der Variante „ECO" sich das *Warum* auf der jeweiligen Kommando-Ebene abspielt (Br Kdt, Bat Kdt, Kp Kdt).

Faktoren	Beschreibung	„VALANGA"	„ECO"	Begründung A: ganz erfüllt B: teilweise erfüllt C: mit Vorsicht
Angemessenheit	Entsprechen die Varianten der Absicht der Beauftragten?	A	A	Beide Varianten verfolgen primär die Erhöhung der Einsatzbereitschaft durch ein starkes Leadership.
	Sind die verfügbaren Ressourcen optimal genutzt?	B	A	In der Variante „VALANGA" ist der Kommandant sehr stark involviert.
Machbarkeit	Wurde die Belastung an Diensttagen berücksichtigt?			Beide Varianten beanspruchen keine zusätzlichen Diensttage.
	Ist sie rechtskonform?	A B	A B	Im Grundsatz sind beide rechtskonform. In der Umsetzung kann es sein, dass Anträge für allfällige personelle oder strukturelle Mutationen erforderlich sind.
Tragbarkeit	Ist die Höhe des Risikos tragbar?	A	B	Variante „ECO" weist ein etwas höheres Risiko auf, da die Unterstellten mehr Handlungsspielraum bekommen.
Vollständigkeit	Beantwortet	A	B	Die Grundvoraussetzun-

---

[111] Ebd.

	die Variante die Abhängigkeiten der Pyramide?			gen für die erforderlichen Anforderungen sind vorhanden. In „VALANGA" kann der Kommandant rascher Schwerpunkte setzen.
Wirtschaftlichkeit	Verursacht eine Variante zusätzliche Kosten?	A	A	Beide Varianten können ohne zusätzliche Kosten verwendet werden.

Tabelle 3-5: Prüfung der Varianten | Quelle: Autor

Die Begründungen der Variantenprüfung stützen sich auf die Konsequenzen gemäss Anhang 7 und zeigen lediglich auf, dass beide Varianten umsetzbar sind.

3.7 Alternativen

Die Alternativen bilden eine Zusammenfassung der verschiedenen Konsequenzen (Anhang 7) und sind in Bereichen zusammengefasst. Das Weitergeben der Punkte ist dem Kommandanten überlassen und wird im nächsten Kapitel noch einmal kurz angesprochen.

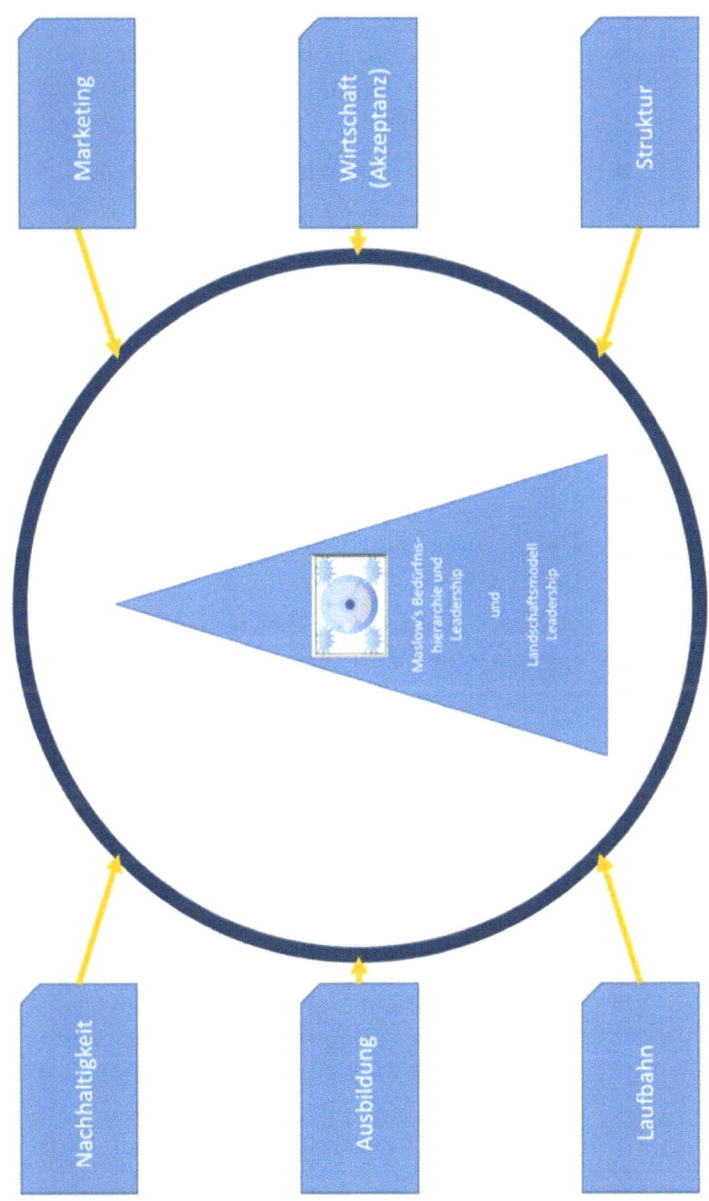

Abbildung 3-6: Alternativen | Quelle: Autor

3.7.1 Bereich und Beschreibung der Alternativen

Bereich	Beschreibung und Begründung
Nachhaltigkeit	• Refresh-Kurse für Kader, das aus der Armee entlassen wurde (Kap 2.3.1.5, Konsequenz Nr. 25). • Innovation, Kreativität: Hier es geht darum, die verschieden Arbeiten (Bachelor, WAL, Master) mit dem Ziel, Synergien besser zu nutzen und eine Zukunftsperspektive zu gewinnen, zentral zu koordinieren (Kap 2.2.4.1, Konsequenz 14).
Ausbildung	• Distanz-Learning als Möglichkeit, sich für die Lehrgänge vorzubereiten (angerechnete Diensttage): Das Ziel muss sein, in den Lehrgängen weniger Theorie und mehr Praxis zu vermitteln (Kap 2.3.1.3, Konsequenz 18). • weiche Faktoren (Menschenführung) vermehrt in Lehrgänge der Truppenkörper einbinden (Kap 2.3.1.4, Konsequenz 21 und Kap 3.1.7, Konsequenz 43). • modulares, massgeschneidertes Ausbildungssystem vorsehen, das mehr Flexibilität für die Vorbereitung auf eine Funktion erlaubt, individuelleres und zielführenderes System schaffen (Kap 2.3.1.5, Konsequenz 27). • Anhang 14 ist ein Beispiel für ein Ausbildungstool für Leader in Bezug auf *Soft Skills*. Eine Broschüre ist gemäss Befragung ebenfalls ein Bedürfnis des Kaders (Fragebogen, Frage 61).
Laufbahn	• Zu prüfen ist, ob eine Flexibilisierung des Modells Generalstabsoffizier (Stabs-/Führungslaufbahn) zeitgemäss und ziel-

	führend wäre (Kap 2.3.1.5, Konsequenz 24).
Marketing	• Die Führungsausbildung bekommt von der zivilen Seite viel Konkurrenz. Somit ist es notwendig, dass die Armee eine Differenzierungsstrategie schafft. Die Armee bietet viele Arbeitsstunden, viel Kritik, unangenehme Entscheidungen, viel Präsenz, viele herausfordernde Führungs-/Planungsprobleme, viele Erfolge und Misserfolge (Kap 2.3.1.6, Konsequenz 29).
	• Die Transferkurse sind als Kurse anerkannt und gehen den Bedürfnissen der Kunden nach. Das Coach-System verfolgt das gleiche Prinzip, indem ausgewählte Berufsoffiziere für eine Problemlösung in einer Firma aufgeboten werden (Kap 2.3.1.6, Konsequenz 30).
Wirtschaft (Akzeptanz)	• Nach einer gewisse Leistung und Erfahrung soll ein Karrieren-Check im höheren Kader (ab Kdt Kp und Stabsof) erlauben, den militärischen Mehrwert im zivilen Umfeld umzusetzen (Kap 2.3.1.6, Konsequenz 28).
Struktur	• Die Ausbildung unterstützt das Leadership und leistet einen wesentlichen Beitrag zur Qualität. Die VUCA-Welt ist ein dynamisches und rasch wechselndes Umfeld. So sind es auch die Ausbildungsbedürfnisse. Die Professionalisierung der Funktion G7 auf Brigadestab (feste Funktion in Ittigen) erlaubt dem Kommandanten, den Schwerpunkt effektiv auf praktische Übungen zu legen, anstatt für die im Moment noch vielen Ressourcen Planun-

gen zu machen (Kap 2.3.2.2, Konsequenz 31).

- In Einklang mit der Bedeutung der Sinnvermittlung soll auch die Funktion des Stabschefs (Beruf) mit der Funktion des Kommandant-Stellvertreters (Miliz) ausgetauscht werden. Es geht darum, eine Kohärenz gegenüber der Truppe zu zeigen (Kap 2.3.2.2, Konsequenz 32).

- Eine wirksame Kommunikation wird sich künftig immer mehr nicht nur in der Qualität der Kernbotschaft und im Auftreten Einzelner zeigen, sondern auch in der Fähigkeit, rasch auf ein Problem zu reagieren und das Umfeld abzuhören. Somit ist die Schaffung einer speziellen Funktion ein Muss (Kap 2.3.2.2, Konsequenz 34). Hier eine zusätzliche Bemerkung: Die Logistikbrigade (wie alle Verbände) setzen immer mehr Gewicht auf die Social-Media-Plattformen. Das ist sicherlich gut, birgt aber auch die Gefahr, dass man nicht in der Lage ist, rasch und wirksam zu reagieren. Somit ist für den Erfolg wichtig, sich die Frage zu stellen, ob in Ittigen ein „*Rapid Responding Leader*" ein Thema ist.

Tabelle 3-6: Bereich und Beschreibung der Alternativen | Quelle: Autor

3.8   Fazit

Die beiden Varianten basieren auf dem Modell der Leadership-Bedürfnis-Pyramide (Abbildung 3-1) und berücksichtigen das Leadership-Landschaftsmodell (Abbildung 2-2). Zur Verstärkung der Einsatzbereitschaft der Logistikbrigade 1 (sowie auch im weitesten Sinne der Armee) zeigen die Alternativen konkrete Ideen zur Zielerreichung auf. Selbstverständlich benötigen alle Alternativen eine weitere vertiefte Planung. Diese Planung ist aber nicht Teil dieser Arbeit.

Alle gezogenen Konsequenzen sind eine direkte Ableitung des Delta-Managements zwischen der IST-Situation und der SOLL-Situation und sollen in einem Gesamtsystem betrachtet werden. Die Varianten oder die Alternativen verfolgen nicht primär das Ziel, Prozesse und Abläufe zu ändern. Im Gegenteil, sie verfolgen das noch schwierigere Ziel, die „unfassbare" Kunst des Leaderships ins Zentrum zu stellen. Korrekturen der harten Faktoren sollen dem Hauptziel, die erhöhte Einsatzbereitschaft durch das Leadership, dienen.

Im nächsten Kapitel wird die Variante, die später als Planungsgrundlage für die Umsetzung dienen wird, definitiv vorgestellt.

4 Empfehlungen

Dieses Kapitel beinhaltet zwei Schwerpunkte. Einerseits wird eine Variante gewählt und somit die Basis für deren Umsetzung geschaffen, andererseits wird die Strategie festgelegt, wobei auch die Formulierung einer Vision und Mission eine notwendige Angelegenheit ist. Vorab ist zu vermerken, dass in den vergangenen Monaten die Thematik Vision und Strategie nicht nur mit dem Kommandanten diskutiert wurde, sondern auch vom Brigadestab thematisiert wurde. Somit werden Vision und Strategie weiterentwickelt, die Mission aber neu konzipiert.

4.1 Auswahl der Variante

4.1.1 Präferenzmatrix

Variante:		"VALANGA"		"ECO"	
Nr. Entscheid Kriterien	Gewichtung	Bewertung	mit Gewichtung	Bewertung	mit Gewichtung
1 Berücksichtigung Fragestellung, Nr. 1 (1.3.2)	1	1	1	1	1
2 Berücksichtigung Fragestellung, Nr. 2	3	3	9	2	6
3 Berücksichtigung Fragestellung, Nr. 3	3	3	9	2	6
4 Berücksichtigung Fragestellung, Nr. 4	2	2	4	2	4
5 Berücksichtigung Fragestellung, Nr. 5	1	2	2	2	2
6 Konsequenz 33, (2.3.2.2) Softskill (Wichtigkeit)	3	3	9	3	9
7 Berücksichtigung (These 1) --> starke Leadership	3	2	6	3	9
8 Berücksichtigung (These 2) --> Bereitschaft zu dienen (mil/ziv)	2	3	6	1	2
9 Berücksichtigung (These 3) --> Verständnis der Menschengeneration	2	3	6	2	4
10 Berücksichtigung (These 4) --> Rolle Auftragstaktik	3	2	6	3	9
11 Berücksichtigung (These 5) --> Fäghigkeiten VUCA-/SSEE-Welt	2	2	4	2	4
12 Berücksichtigung (These 6) --> Kritik-/Fehlerkultur Problematik	3	3	9	2	6
Legenda	1 Punkt: zu wenig treffen, 2 Punkte: treffend, 3 Punkte: sehr treffend		71		62

Tabelle 4-1: Bewertungsmatrix | Quelle: Autor

Die Gewichtung wurde wie folgt vorgenommen: neutral x1, wichtig x2, sehr wichtig x3. Die Punkte werden aufgrund folgender Bedeutung abgegeben: 1 Punkt *wenig zutreffend*, 2 Punkte *zutreffend*, 3 Punkte *sehr zutreffend*. Der Bewertungsentscheid erfolgt anhand des Schemas des Divisionärs Ritschard (Abbildung 3-2). Die objektiven Werte wurden, wo möglich, von der Analyse abgeleitet. Die subjektiven Werte beruhen auf der 35-jährigen Führungserfahrung des Autors. Selbstverständlich war das Restrisiko Angelegenheit des Autors.

4.1.2 Antrag an die Auftraggeber

Der grosse Vorteil der Variante „VALANGA" ist die direkte Steuerung durch den Kommandanten und die Möglichkeit, die Unterstellten durch sein Beispiel direkt zu motivieren und zu inspirieren Der Nachteil liegt darin, dass der Erfolg von einer einzigen Person abhängt.

Der grosse Vorteil der Variante „ECO" ist, dass der Rahmen, für die Art und Weise der Sinnvermittlung, vorgegeben wird. Die direkte Umsetzung, innerhalb dieses Rahmens, wird den direkten Unterstellten überlassen.

Unter Berücksichtigung der Analysen und der daraus resultierenden Konsequenzen sowie der Erarbeitung der Varianten bezüglich deren Machbarkeit und hinsichtlich der Präferenzmatrix empfiehlt der Autor, die Variante „VALANGA" zu verfolgen und zur Umsetzungsplanung zuzulassen.

4.1.3 Begründung

Die Pflege der Sinnvermittlung steht in vollem Einklang mit der heutigen Gesellschaft. Diese Gesellschaft ist durch das *Warum* geprägt. Pasquarella und Carbone betonen im Vorwort von Sineks neuestem Buch „Ultimo viene il Leader"[112]: „Es ist ein Leadership des Warums, des Gefühls der Zugehörigkeit, die Sicherheit gegenüber Feinden und in der Gefahr gibt, des grossen, tiefen gegenseitigen Vertrauens, der Ethik. Um Ideen mit fester Bestimmung weiterzugeben, ist es notwendig, eine Vision zu verfolgen und viel Energie aufzubringen, die Sicherheit bieten kann, um von jedem einzelnen Mitarbeiter ein optimales Ergebnis zu erhalten"[113] (Übersetzung: Autor). Dieses Zitat

---

[112] Simon Sinek, *Ultimo viene il leader: perché alcuni team sono coesi e altri no* (Milano: Franco Angeli, 2014), 11–12.
[113] Ebd., 11.

legt dar, wieso die vorgeschlagenen Anpassungen in den Prozessen oder in der Ausbildung von Bedeutung sind. Die Festlegung einer Strategie ist somit unerlässlich.

Eine nachhaltige Strategie ist demnach ein weiterer zentraler Erfolgsfaktor. Es geht darum, den nachfolgenden Leader nicht einzuschränken, ihm das *Warum*, das aktuelle *Wie* und das *Was* zu zeigen. Hat dieser aktiv zugehört, wird er auch in der Lage sein, sich zielführend einzubringend und nicht an ein funktionierendes System mit eine disruptiven Philosophie herangehen.

Die Warum-Gesellschaft fokussiert die menschliche Dimension der Mitarbeiter. Somit sind auch alle Vorschläge, die eine verstärkte Ausbildung in Bezug auf *Soft Skills* anstreben, begründet. Auf dem Cover einer Ausgabe der Zeitschrift Millionaire (Ausgabe März 2016) ist zu lesen: „Mein Kapital? Ist menschlich." (Il mio capitale? È umano). In derselben Ausgabe – und das gilt als Referenz mehrerer Artikel über Erfolgsgeschichten - wird die enorme Bedeutung der Menschen als Erfolgsfaktor unterstrichen. „Ein gutes Unternehmen basiert auf Menschen – auf Produktqualität, Leidenschaft, Seriosität in der Politik der Zusammenschlüsse, ausgewogene Entscheidungen. Vor allem aber beruht es auf der Wertschätzung und Ausbildung der Menschen"[114] (Übersetzung: Autor) Das gilt auch für das Schweizer Milizsystem.

4.2   Vision – Mission – Strategie

4.2.1   Vision

Die Vision verfolgt das Ziel, jederzeit, so rasch als möglich und der Lage angepasst die notwendigen Leistungen zu Gunsten der Armee einbringen zu können. Brigadier Süssli umschreibt seine Vision wie folgt: „In einer VUCA-Welt militärische, logistische und sanitätsdienstliche Aufträge erfüllen."[115]

---

[114] Redazione Millionaire, «Una buona azienda si basa sulle persone», *millionaire*, März 2016, 110–112.
[115] Brigadier Thomas Süssli, Privatkorrespondenz mit Autor, 13.06.2016. Entwurf Vision.

4.2.2 Mission

Warum gibt es die Militärlogistik? Die Antwort könnte lauten: „Um Kampfkraft zu generieren." Das bedeutet die Fähigkeit der Logistik, zu jeder Zeit unter erschwerten Bedingungen die Leistungen ihres Portfolios auf Anhieb zu erfüllen. Der Begriff bedeutet noch viel mehr. Zurzeit vergisst man gerne, dass ein wesentlicher Unterschied zwischen militärischer und ziviler Logistik besteht. Die Armee arbeitet in einem Umfeld, das lebensgefährlich ist. Die zivile Wirtschaft ist – im Gegensatz dazu – auf den Profit ausgerichtet.[116]

Die Abbildung 4-1 zeigt das Verhältnis zwischen den wirtschaftlichen Aspekten und der allgemeinen Lage (VUCA-Welt). In derselben Abbildung ist die Beziehung zwischen der militärischen und der zivilen Logistik zu sehen. Beim Verständnis der logistischen Leistung soll dieser Aspekt nie vergessen werden. Der Grund liegt in der Wichtigkeit und der Investitionen im Logistikbereich. Das Spannungsfeld besteht darin, welches Risiko der militärische Planer eingehen will, um die Bedürfnisse der Militärlogistik unter Berücksichtigung der betriebswirtschaftlichen Aspekte sicherzustellen. In einer Zeit, in der die Finanzen immer knapper werden, ist es selbstverständlich logisch, in allen Bereichen zu sparen. Trotzdem soll die Mission nicht aus der Augen verloren werden. Pagonis sagte: *„The logistician doesn't deny Murphy's Law, but instead tries to quarantine is potential impacts."*[117]

---

[116] Falconer Bruce, *Lt. General William Pagonis, Gulf War logistics chief*, Bd. 2013, 15.07.2013 (Motherjones, o. J.), 210,
http://www.motherjones.com/politics/2007/10/lt-general-william-pagonis-gulf-war-logistics-chief.
[117] Ebd., 2013:202.

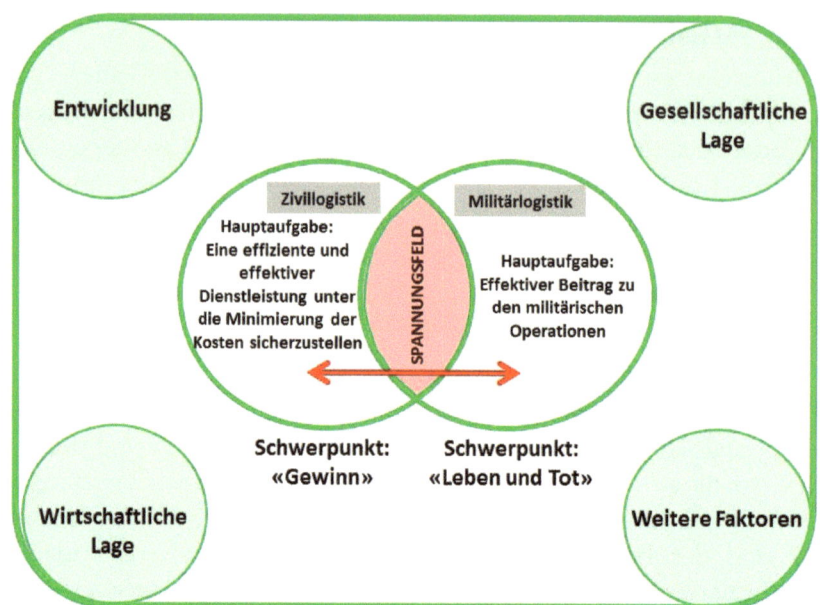

Abbildung 4-1: Spannungsfeld Zivil - Militärlogistik | Quelle: Autor

Es gibt eine zusätzliche und interessante Betrachtungsweise, nämlich die *raison d'être*. Die Logistik soll auf dem Erhalt der Kampfkraft der zu bedienenden Truppen liegen. Somit hat jeder Logistiker einen Auftrag zu erfüllen, der im Gesamtkontext zu verstehen ist. Der Mechaniker repariert, damit die Kampftruppen sicherer verschieben können. Der Sanitäter pflegt, damit der Patient wieder kampffähig ist. Der Truppenkoch kocht, um die Moral und Ernährung der Truppe aufrechtzuerhalten. Das ist nur eine Hand voll praktischer Beispiele. Kampfkraft zu generieren, ist somit ein weiteres Fundament zwischen die Vision und die Strategie. Dort, wo die Knappheit an Ressourcen ist, wo die Müdigkeit die Regel ist, wo das Leben von anderen von Logistikern abhängt, gilt in jedem Fall zu jeden Kosten und in jeder Lage das Prinzip anzustreben, „Kampfkraft zu generieren".

Im Gegensatz zur Vision und Strategie ist die Mission momentan noch nicht klar definiert. Somit wird empfohlen, die Idee, Kampfkraft zu generieren, bei der Beschreibung der Mission aufzunehmen (Konsequenz 52).

4.2.3 Strategie

Die Strategie umfasst das Akronym BDL[118] (Bereitschaft – Diversität – Leadership). Brigadier Süssli beschreibt in einem ersten Entwurf das Akronym BDL[119] wie folgt:

- **Bereitschaft**: ab 24 Stunden nach Mobilmachung Wirkung erzielen können, dabei durch Eigenschutz die Handlungsfreiheit wahren und eigene Kraft erhalten
- **Diversität** (Einsatz-): durch realitätsnahes, anspruchsvolles Training auf verschiedenartige Situationen vorbereitet sein
- **Leadership**: durch konsequente Auftragstaktik auch in rasch wechselnden, unübersichtlichen und vieldeutigen Lagen die eigenen Mittel effektiv einsetzen können, durch Vermittlung eines gemeinsamen Zieles und dem Beitrag jedes Einzelnen zum Ganzen das Maximum an Kraft freisetzen

Das Akronym verbindet die Essenz der VUCA-Welt-Anforderungen mit dem Begriff PALF (Personelles – Ausbildung – Logistik (und Ausrüstung) – Führung), um die Umsetzung der Strategie zu ermöglichen (siehe Tabelle 5-5).

Die weitere und notwendige Vervollständigung der Umsetzung des Vision-Mission-Strategie-Konzepts kann mithilfe von zwei Elemente *Strategie-Board* und *Think-Tank* sichergestellt werden.

Das Strategie-Board ist zumindest auf Stufe Brigade eine echte Neuheit.

---

[118] Brigadier Thomas Süssli, Trainingskurse I und II, Jahr 2016. Festlegung des Akronyms.
[119] Brigadier Thomas Süssli, Privatkorrespondenz mit Autor, 13.06.2016. Entwurf Strategie.

Eigenschaften	Aufgaben
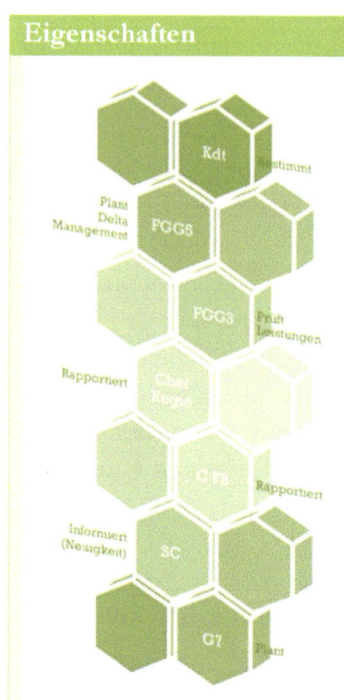	**Kommandant** • bestimmt die strategische Ausrichtung und erlässt die Handlungsrichtlinien, integriert die Ergebnisse aus dem Think-Tank **Chef FGG 5** • zeigt ein mögliches Delta zwischen SOLL- und IST-Situation, plant langfristig **Chef FGG 3** • prüft die aktuellen Leistungen **Chef FGG 7** • plant die Ausbildungsthemen zur Verbesserung der Einsatzbereitschaft **Mitarbeiter auf Bedarf** • leisten gezielte Beiträge zur SOLL-/IST-Situation **Stabschef** • informiert über die möglichen Geschäftsentwicklungen und Neuheiten

Tabelle 4-2: Strategie-Board | Quelle: Autor

Das **Strategie-Board** soll sich einmal jährlich treffen und durch den Chef FGG 5 vorbereitet und geleitet werden. Das Ziel ist es, die Strategieausrichtung bzw. -umsetzung zu überwachen und (wo notwendig) gezielt zu steuern. Der **Think-Tank** ist eine weitere ergänzende Möglichkeit, die Herausforderung der VUCA-Welt zu meistern. Das Konzept basiert auf dem Konzept der „freiwilligen Armee"- von John P. Kotter.[120]

Im Verlauf der Thesis wurde festgestellt, dass die Geschwindigkeit der Veränderung ein Erfolgsfaktor ist. Obwohl die typische Hierarchie der militärischen Struktur auch Vorteile hat, hat „dieses Vorgehen auch Grenzen. Für schnellen Wandel ist es nicht geeignet. Hie-

---

[120] John P. Kotter, «Die Kraft der zwei Systeme», *Harvard Business Manager*, 2015, 80–89.

rarchien und Standardmanagementprozesse sind, selbst mit wenig Bürokratie, inhärent risikoavers und resistent gegen Veränderungen."[121] Unterstellte gehen ungern Risiken ohne Bewilligung durch Vorgesetzte ein. Menschen hängen an ihren Gewohnheiten.[122] Die Think-Tank-Methode soll dazu dienen, besondere Thematiken zu diskutieren. Für die Zusammensetzung der Think-Tank-Teilnehmer stehen zwei Möglichkeiten zur Auswahl: Einerseits können Soldaten der Logistikbrigade 1, andererseits Menschen, die ausserhalb der Brigade tätig sind, eingesetzt werden. Diese freiwillige Gruppe soll Diversität und andere Blickwinkel sicherstellen. Der spezielle Prozess ist durch den Kommandanten gesteuert und dient als Vorbereitung für das jährliche Strategie-Board. Die Zusammenstellung und die Grösse der Gruppe sind thema- und lagebezogen.

Eine handfeste Strategie benötigt unter anderem auch eine entsprechend nachhaltige Unternehmens- bzw. Kommunikationsstrategie (Konsequenz 46 und Anhang 5). Hier geht es darum, die Menschen ins Zentrum zu stellen und die Möglichkeiten der Technik und der sozialen Medien professioneller anzuwenden. Dem designierten Chef Kommunikation der Logistikbrigade 1[123] (per 1.1.2017) ist die Wichtigkeit bewusst, anhand der Handlungsrichtlinien der Kommandanten und im Einklang mit den Erkenntnissen aus dieser Arbeit eine entsprechende Gesamtstrategie zu entwickeln. Logischerweise soll die Kommunikationsstrategie, welche die digitale Welt einschliesst, künftig auch im Überwachungsprozess integriert werden (Strategie-Board).

Zusammenfassend soll das vorgeschlagene Vorgehen die Konsolidierung der Vision-Mission-Strategie anstreben und die Reise durch die langfristige Zukunft vereinfachen. Das Triumvirat ist somit ein Kompass, der den Reisenden einen Anhaltspunkt zur Verfügung stellt. Die Sicherstellung der Einsatzbereitschaft ist das oberste Ziel, jedoch ist durch die festgestellten raschen Funktionswechsel den Leadern aller Stufen eine besondere Beachtung in Bezug auf Sinnvermittlung zu schenken. „Erst wenn Mitarbeiter einen Sinn erkennen, sind

---

[121] Ebd., 85.
[122] Ebd.
[123] Maj Glenn Müller-Amstutz persönliches Gespräch mit dem Autor (Mai 2016).

sie bereit, Risiken einzugehen und den für Innovationen erforderlichen hohen Einsatz zu bringen.«[124] Das wird nur möglich, wenn eine Organisation langfristig ausgerichtet ist. Wahr ist, dass jeder Leader die Möglichkeit haben darf, seine Individualität zu zeigen. Wahr ist aber auch, dass sich die Kontinuität und die Stärkung einer Organisation massiv erhöhen, wenn eine starke Sinnvermittlung (ein starkes Warum) vorhanden ist.

4.3 Fazit

Die heutige Leader-Generation ist noch nicht in der Lage, die Grundsätze des Goldenen Kreises optimal zu befolgen. Das liegt nicht an ihrer Unfähigkeit. Der Grund ist primär in der ersten und teilweise in der zweiten Pyramidenstufe (Abbildung 3-1) zu suchen. Somit ist die Variante „VALANGA" eine optimale Antwort auf die heutige Situation. Es ist nicht auszuschliessen, dass die Variante „ECO" in Zukunft auch zur Option wird. Sie wird möglich, wenn die Pyramide stärker wird. Erst dann kann die Organisation, die Logistikbrigade 1, erfolgreich die Stufe der Antifragilität erreichen.

Die vorgeschlagene Missionsdefinition soll in das Konzept Vision-Mission-Strategie aufgenommen werden und ein einziges schriftliches Dokument ergeben. Dieses Triumvirat stellt die Nachhaltigkeit in der Frage der Sinnvermittlung aller Involvierter sicher. Um zu vermeiden, dass der Sinn „verstaubt", ist eine konsequente Implementierung überlebenswichtig. Ein Ende des persönlichen Engagements der Funktionsträger ist zugleich die Endstation des Fortschrittes. Konkret heisst dies, dass die Funktionsträger ständig vom Kommandanten geschult werden sollen.

---

[124] Linda A. Hill u. a., «Wecken Sie das kollektive Genie», *Harvard Business Manager*, 2015, 49.

5 Umsetzungsplanung

In Kapitel 2 - 4 war es das Ziel, das Umfeld mit der Zukunftsbrille zu analysieren und somit Varianten und Alternativen zu identifizieren. Im letzten Kapitel geht es darum, die ausgewählte Variante sowie die identifizierten Alternativen zu konkretisieren. Weiter geht es darum, die Strategieumsetzung umfassend zu erläutern. In diesem Kapitel werden die vier folgenden Fragen beantwortet:

- Wie kann man den Mehrwert der militärischen Ausbildung der zivilen gegenüberstellen?
- Wie kann die erste Stufe der Leadership-Bedürfnis-Pyramide erfolgreich angewandt werden?
- Wie sollen die weichen Faktoren zur Erhöhung der Einsatzbereitschaft gemessen werden?

Unter Berücksichtigung des Know-hows, des Wissenstransfers und der Nachhaltigkeit stellt sich zudem die Frage, welche Strukturänderung sinnvoll ist, um die Effektivität zu steigern.

Entlang der Thesis wurden Konsequenzen (Anhang 7) identifiziert. Im Hinblick auf die Umsetzung wurden mögliche Umsetzungsrisiken in das Dokument Risikomanagement (Anhang 16) eingearbeitet. Mit der ausgewählten Variante und unter Berücksichtigung der Konsequenzen und Risiken ist der nächste Schritt, die verschiedenen Ergebnisse in einer Planung zu konkretisieren.

Die Fragen werden in sieben Schritten beantwortet. Im ersten Schritt geht es darum, die Rolle der Zukunft klarzustellen. Weiter wird die Umsetzung der Variante „VALANGA" dargestellt. In der dritten Phase werden die Alternativen aufgelistet und als Vorschlag für die vorgesetzte zuständige Stelle beleuchtet. Die rechtlichen und finanziellen Aspekte werden im vierten Schritt kurz besprochen. Es folgen das Risikomanagement als Überwachungstool für die kontinuierliche Umsetzung, die Strategy-Map als Bussole für die Gesamtumsetzung und die Terminplanung als Anhaltspunkt für das kommende Jahr. Das Fazit und somit der siebente Schritt beantwortet die vier Fragen und beendet die Umsetzungsstrategie.

Die Strategie ist das Resultat der Bemühung, die Einsatzbereitschaft der Logistikbrigade 1 zu erhöhen.

5.1 Für die Zukunft bereit sein

Zukunftsprognosen sind so alt wie die Menschheit selbst. Der Wunsch, die Zukunft zu klären, liegt in den Genen des Menschen und soll Sicherheit generieren.[125] Die Feststellungen, die in den vorherigen Kapiteln gemacht wurden, fliessen nun teilweise als objektive und subjektive Werte (Abbildung 5-1) in die Thematik der Zukunft ein. Gemeint ist die Fähigkeit, die Zukunft zu antizipieren. " „Die Zukunft zu meistern, heisst aber nicht, eine perfekte Planung herzustellen, sondern das **Undenkbare zu denken!**"[126]

Je intensiver wir in die Zukunft sehen wollen, desto schwieriger ist eine präzise Prognose. Somit sind auch evolutive Prognosen verständlicher als disruptive. Ein mögliches Vorgehen liegt im Zusammenspiel aller möglicher Wertanalysen und Methoden. Das Vorgehen kann zumindest das Ziel haben, sich vor Überraschungen zu schützen resp. die Einstellung der Antizipation (im Gegensatz zur Reaktion) in einer Organisation zu pflegen und die Flexibilität und Anpassungsfähigkeit gegenüber sicher eintretenden Ereignissen zu erhöhen.

---

[125] Alessandro Rappazzo, «Das Dilemma der Zukunft», *Blog: Opinione 67 | Diario*, 13. Juni 2016, https://rappazzo.org/2016/06/13/das-dilemma-der-zukunft/.
[126] Ebd.

Abbildung 5-1: Die Faktoren der Zukunftsgestaltung von Führungskräften | Quelle: Autor

Die Abbildung 5-1 gibt der Zukunft eine Form und zeigt das Zusammenspiel der verschiedenen Faktoren, die später in diesen Kapiteln dargestellt werden. Die Zukunft könnte auch mit der Mission verglichen werden. Der Bereich VUCA-Welt wurde bereits im Kapitel 2 behandelt und hat die Gedanken dieser Arbeit ständig geprägt. Die Vision und die Strategie entsprechen dem, was der Kommandant der Logistikbrigade 1 festgelegt hat.[127] Dies entspricht auch der Konsequenz 41, die eine Strategie für die Logistikbrigade anstrebt. Die Steuerung der beiden wichtigen Elemente (Vision und Strategie) werden im Folgenden besprochen. Der Bereich des freien Denkens entspricht den Fähigkeiten, welche das künftige Leadership kennzeichnet. In anderen Worten: Es soll sich nicht durch Ecken und Kanten einschliessen lassen, sondern gezielt mit den VUCA-Erfolgsfaktoren (Anhang 3) agieren können. Bei der Leadership-Bedürfnis-Pyramide war die Herausförderung, die eher subjektiven Werte in objektive Werte umzuwandeln (Abbildung 5-2).

Das Ziel dieser Thesis ist, wie schon in der Einleitung erwähnt, die

---

[127] Brigadier Thomas Süssli, Privatkorrespondenz mit Autor, Juni 2016. Logistikbrigade 1: Vision und Strategie. Vision: Einsatzbereitschaft. Strategie: Bereitschaft – (Ei) Diversität – Leadership.

Erhöhung der Einsatzbereitschaft der Logistikbrigade 1 durch ein wirksames Leadership. Obwohl sie wichtig sind, spielen die Prozesse eine untergeordnete Rolle. Treu dieser Maxime werden folgend die Prozesse einer wirksamen Umsetzung dargestellt, um die Effizienz und Effektivität eines Leaderships sicherzustellen.

Abbildung 5-2: Wertemessung der Leadership-Bedürfnis-Pyramide | Quelle: Autor

5.2 Umsetzung Variante „VALANGA"

Zur Erinnerung: Das Schlüsselprodukt (Anhang 7) ist ein Strategie-Board und die Schlüsselperson (Anhang 7) ist der Kommandant der Logistikbrigade 1. Das oberste Ziel des Kommandanten lautet somit, Führungskräfte zu befähigen und sie in der Vision-Strategie-Mission miteinzubinden. Anders gesagt: Er soll inspirieren.

5.2.1 Die 5 Zeitdimensionen

Ein interessanterer Aspekt der Umsetzung der Variante „VALANGA" ist der Zeitfaktor. Es geht darum, die verschiedenen Hauptaktivitäten in einer Zeitachse zu definieren. Das Ziel der Zeitdimensionen ist es, ein Meilensteinraster zu kreieren, um die Umsetzung der Strategie sowie die Verfolgung der Vision zu steuern. Das vorgeschlagene Tool ist eine Anpassung an ein ähnliches Modell aus dem Buch „Leadership 2050"[128].

	langfristige Vergangenheit	kurzfristige Vergangenheit	Fokus	kurzfristige Zukunft	langfristige Zukunft
Zeit	(-) 3-5 J.	(-) 1-2 J.	Lageverfolgung	(+) 1-2 J.	(+) 3 J.
Mittel der Steuerung	Berichte, Bücher, Trends aus mehreren Jahren	Feedback	Delta-Management	Stabskurse	Strategie-Board
Absicht bzw. Ziele	Gesammelte Erfahrungen und Entwicklungen der Brigade: Hier erhält die Brigade die Erkenntnisse aus der Vergangenheit, um die relevanten	Feedback der Besuche, Inspektionen, VTU, TK: Es geht darum, die Massnahmen und Korrekturen im laufenden Prozess zu identifizieren und anzuord-	Die Führungskräfte müssen sich auf ein besonderes Problem bzw. eine Herausforderung konzentrieren.	Assessment der Strategie, der langfristigen Planung und Überwachung des Risikomanagements mit dem Ziel, die langfristigen Ziele zu überwachen	Die Analyse der verschiedenen Zeitfaktoren und die Antizipation sind die Basis für eine zukunftsorientierte Entwicklungsstrategie. Die langfristige Zukunft ist die Brücke zur Überwachung der Vision.

---

[128] Sowcik, *Leadership 2050*, 253.

	Tenden-zen für die Zukunft zu identifizieren.	nen.			
Output bzw. Produkte	Erkennt-nisse aus der Ver-gangen-heit	Konse-quenzen und Trends	Massnah-men: Kor-rekturen	Massnah-men: Strate-gieumset-zung. Plan-anpassung	Massnahmen: Strategiedefini-tion. Strategie-anpassung Trends

Tabelle 5-1: Die 5 Zeitdimensionen (Vorschlag) | Quelle: Autor

Die Zeitdimensionen werden später zur Bildung der verschiedenen Produkte dienen. Die Wichtigkeit der Zeitaufteilung liegt in einer klaren Festlegung der entscheidenden Aktivitäten. Im Handbuch für Zukunftsangelegenheiten Zukunft 5.0 steht: „Zukunftsforschung ist ein junges, interdisziplinäres Forschungsgebiet und versucht, mit qualitativen und quantitativen Methoden der Prognostik Vorhersagen über künftige Entwicklungen zu treffen."[129] Somit ist die Antizipation der Zukunft eine wesentliche Führungsangelegenheit jedes Leaderships.

5.2.2 Die 4 Führungsdimensionen

Bei den Führungsdimensionen (Abbildung 5.3) geht es darum, mögliche Interventionsfelder zu überdenken.

---

[129] Markus Hengstschläger und Michael Strugl, Hrsg., *Zukunft 5.0 - Handbuch für Zukunftsangelegenheiten* (Academia Superior - Gesellschaft für Zukunftsforschung, o. J.), 94, www.academia-superior.at.

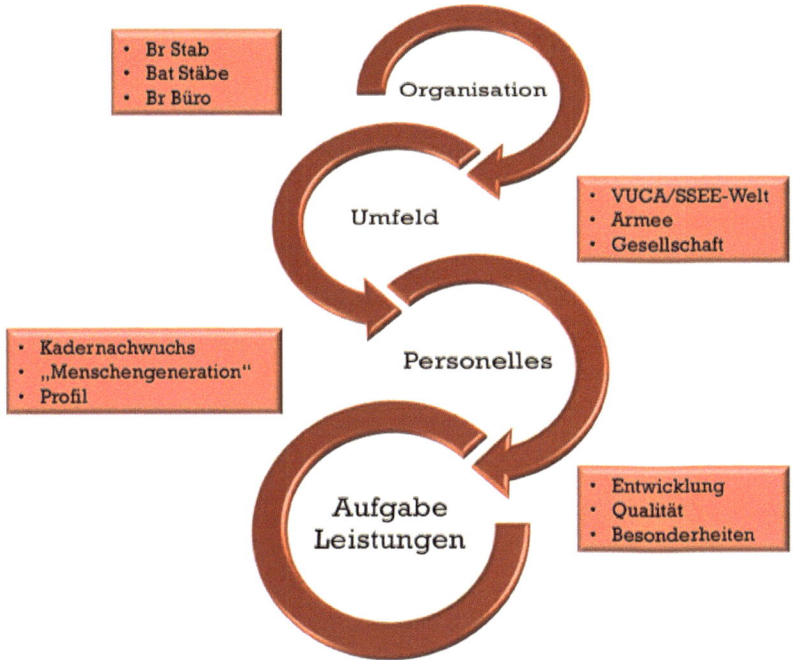

Abbildung 5-3: Die 4 Führungsdimensionen | Quelle: Autor

Im Bereich **Organisation** ist zu erkennen, dass drei Elemente zusammenwirken: der Brigadestab, die Bataillonsstäbe und das Brigadebüro. Alle drei Elemente interagieren miteinander. Hier geht es darum (Konsequenz 11, 31, 32, 45), herauszufinden, wie die Logistikbrigade an Effizienz (zu Gunsten des Einsatzes) gewinnen kann. Weiter geht es darum, fähig zu sein, die Herausforderung der digitalen Welt (Soziale Medien) zu meistern (Konsequenz 13, 46).

Im Bereich **Umfeld** geht es darum, den Mehrwehrt zwischen militärischer vs. ziviler Ausbildung der Wirtschaft und des Menschen aufzuzeigen (Konsequenz 5, 18, 19). Die Welt der Führungsausbildungslandschaft schläft nicht und in den nächsten Jahren werden wir einen zusätzlichen Druck auf unsere USP (*unique selling proposition*)[130]

---

[130] Mit USP der Armee ist gemeint, Fähigkeiten der Kader mittels praktischer Erfahrung und unter Belastung gewinnen zu können.

erleben. Gemeint ist die Tendenz, in verschiedenen Bildungsinstitutionen Führungsausbildungen bzw. Leadership-Kurse anzubieten. Ein möglicher Weg ist, eine differenzierte Strategie zu verfolgen und sich von der Durchschnittstendenz zu distanzieren. Um weiterhin unser USP behalten zu können, muss sich die Armee ganz klar von der Konkurrenz abheben.

Vergleich USP (ziv/mil) im Bereich Führungsausbildung	
Zivil	• kurze Ausbildungszeit • Lernen ohne Druck • theoretische Kenntnisse • kostenpflichtig
Militär	• lange Ausbildungszeit • Lernen unter Zeitdruck • intensive und lange Tage • direktes Feedback von den Unterstellten • theoretische und praktische Kenntnisse • vom Staat finanziert • höhere physische Belastung

Tabelle 5-2: Bsp. möglichen USP-Vergleich ziv/mil | Quelle: Autor

In diesem Bereich ist das Warum im Identifikationsaspekt zu finden. Die Frau ist zu Hause, es gibt mehr Arbeitsbelastung, das Militär bietet sicherlich kein bequemes Leben. Wieso sollte man sich als Kader für die Armee engagieren? Eine mögliche Antwort könnte lauten, dass die Armee praktische Führungserfahrung „verkauft", und zwar eine Lebenserfahrung, bei der das Wir wichtiger ist als das Ich, und bei der andere Kulturen einander näherkommen. Im Bereich der Ausbildung lernt man, zu analysieren, zu entscheiden und zu planen. Die Armee verlangt viele Arbeitsstunden, erteilt Kritik, verlangt unangenehme Entscheidungen, viel Präsenz bei der Truppe, stellt viele Führungs- und Planungsprobleme und bietet viele Erfolge, aber auch Misserfolge. Es geht darum, in einem Gegentrend zu denken. Die Armee ist für das Land und seine Menschen da.

Die Armee resp. die Logistikbrigade 1 sollen sich nicht unbedingt an die Durchschnittstendenz anpassen. Um den Kadernachwuchs sicherzustellen, müssen zwingend und ohne Zögern die Eigenschaften der eigenen Führungsausbildung ohne Beschönigung aufgezeigt werden. Eine Zusammenarbeit mit der zivilen Bildungslandschaft ist aber nicht auszuschliessen. Im Gegenteil: Sie soll ausgebaut werden, ohne dabei unsere USP zu verlieren. Als einzigartige Führungsausbildung werden wir in der Lage sein, den altbekannten Spruch „Kaderschmiede - Kaderschule" wieder stark zu machen, jedoch in einem modernen Umfeld.

„Niemand kennt die Probleme von morgen und daher bietet die Förderung höchstmöglicher Individualität den besten Ansatz, vorbereitet zu sein."[131] Die Gedanken von Markus Hengstschläger, die sich an den Einzelnen richten, sind auch für Organisationen viel wert. Im Durchschnitt zu sein, heisst, eine geringe Diversität zu haben und somit unerwartete Herausforderungen mit geringen Chancen erfolgreich bewältigen zu können. Die Besonderheit der militärischen Führungsausbildung, ergänzt durch die zivilen Fähigkeiten (der Milizkader), ist Garant für einen wirksamen, effizienten und effektiven Führungserfolg. Die Anerkennung der Wirtschaft ist die logische Konsequenz.

Die Armee und unsere Gesellschaft befinden sich in einer relativ glücklichen Lage. Es herrscht kein Krieg und wir stecken in keiner heiklen Krisensituation. Nach einem kurzen Wiederholungskurs kehrt man wieder zum normalen Leben zurück. Trotzdem sollte der Schwerpunkt der Führungskräfte aller Stufen im **personellen** Bereich liegen. Die Menschen sollten in den Mittelpunkt der Führungstätigkeiten aller Führungskräfte rücken (Konsequenzen 8 und 9). Der Versuch, die Bürokratie zu reduzieren (Konsequenzen 31 und 45), ist nichts anderes als ein Versuch, Freiräume für den jeweiligen Leader zu schaffen. Eine wesentliche Führungstätigkeit ist heute immer mehr das Fördern von Kadernachwuchs. Es gilt, keine blossen Checklisten auszufüllen, sondern kontinuierlich durch die Jahre Gespräche zu führen, Engagement zu zeigen und Coaching anzubieten. Dies ist eine Investition in das Human-Kapital, jedoch eine langfristige Investition, die zeitintensiv ist. Um erfolgreich zu sein, sind Kenntnisse über das

---

131 Hengstschläger, *Die Durchschnittsfalle*, 65.

Menschenbild, über die gefragten Profile und über die Person selber höchst wichtig. Ein Mensch ist keine Matrikelnummer. Hinter jedem Menschen steckt eine Geschichte.[132] Der Kommandant der Logistikbrigade 1 ist somit sehr gefordert. Je mehr sein innerer Sicherheitskreis (vgl. Konzept v. Simon Sinek)[133] befähig ist, sich in der Frage des Nachwuchses (Konsequenz 50) zu engagieren, desto grösser ist die Chance, fähige, motivierte Kader zu gewinnen (Sinnvermittlung).In der Zukunft 5.0 wird frei nach dem Motto „*The best way to predict the future is to invent it*"[134] gelebt. Somit sind die gegenwärtigen **Aufgaben bzw. Leistungen** morgen wahrscheinlich obsolet. Global zu denken und lokal zu handeln, heisst es. Gemeint ist (vgl. Kapitel 5.2), das Undenkbare zu denken. Es geht darum, die Aufgaben und Leistungen regelmässig zu prüfen und mögliche Entwicklungen vorherzusehen. Um die Kreativität zu fördern, benötigen die Leader einen soliden Boden. Der Boden ist durch den Ansatz der Leadership-Bedürfnis-Pyramide sichergestellt.

5.2.3   Die **Leadership-Bedürfnis-Pyramide**

Das vorgeschlagene Pyramidenmodell ist ein erster Ansatz, um die weichen und harten Faktoren in einer objektiven und zusammenhängenden Betrachtung zu werten. Das Modell soll sich als Herzstück im Bereich Leadership etablieren. Dieser Ansatz sollte in Bezug auf Einsatzbereitschaft stets gegenwärtig sein und einen Beitrag für eine gesamte und ehrliche Einschätzung der IST-Situation der Brigade darstellen.

---

[132] Alessandro Rappazzo, «Personalführung - Codename der Mitarbeiter X100.400.435», 1. Oktober 2015,
https://rappazzo.org/2015/10/01/personalfuhrung-codename-der-mitarbeiter-x100-400-435/.
[133] Sinek, *Ultimo viene il leader*.
[134] Hengstschläger und Strugl, *Zukunft 5.0 - Handbuch für Zukunftsangelegenheiten*, 94.

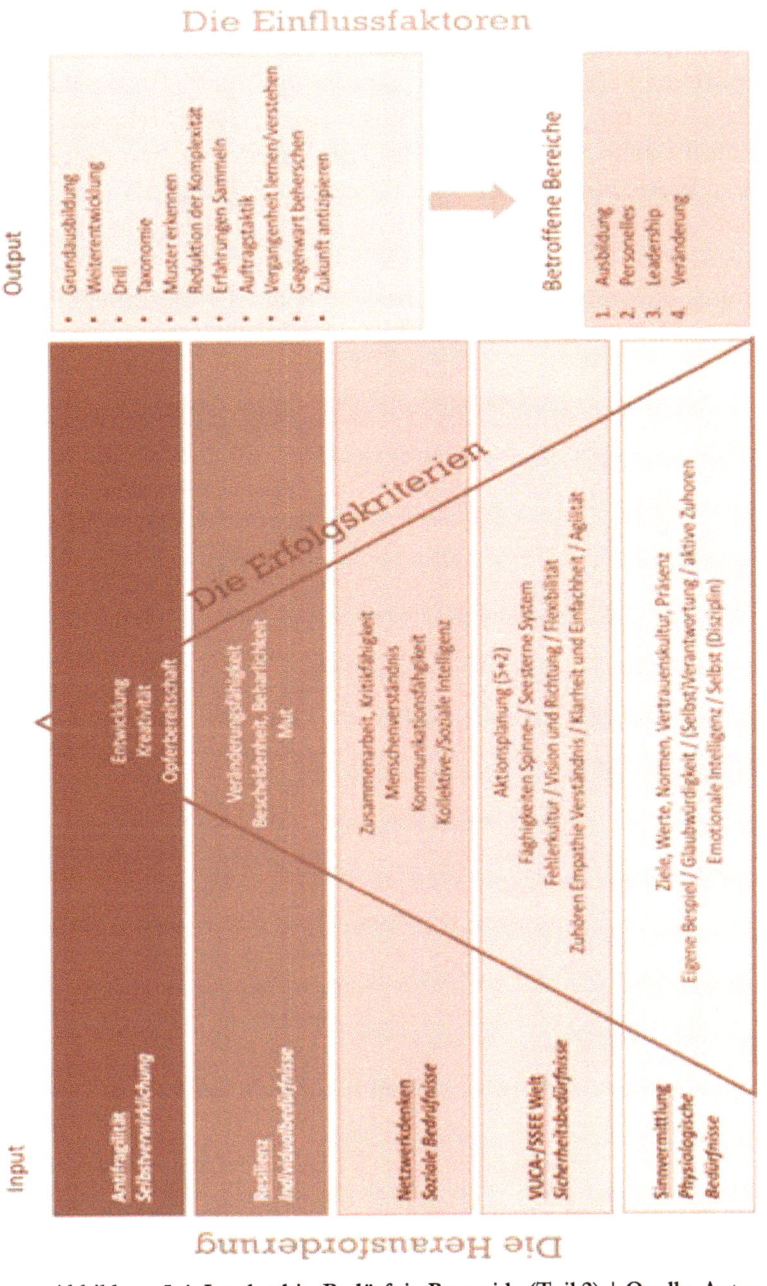

Output

- Grundausbildung
- Weiterentwicklung
- Drill
- Taxonomie
- Muster erkennen
- Reduktion der Komplexität
- Erfahrungen Sammeln
- Auftragstaktik
- Vergangenheit lernen/verstehen
- Gegenwart beherschen
- Zukunft antizipieren

Betroffene Bereiche

1. Ausbildung
2. Personelles
3. Leadership
4. Veränderung

Die Erfolgskriterien

Input

Antifragilität / Selbstverwirklichung — Entwicklung, Kreativität, Opferbereitschaft

Resilienz / Individualbedürfnisse — Veränderungsfähigkeit, Bescheidenheit, Behütetheit, Mut

Netzwerkdenken / Soziale Bedürfnisse — Zusammenarbeit, Kritikfähigkeit, Menschenverständnis, Kommunikationsfähigkeit, Kollektive-/Soziale Intelligenz

VUCA-/SSEE Welt / Sicherheitsbedürfnisse — Aktionsplanung (5+2), Fähigkeiten Spinne- / Seesterne System, Fehlerkultur / Vision und Richtung / Flexibilität, Zuhören Empathie Verständnis / Klarheit und Einfachheit / Agilität

Sinnvermittlung / Physiologische Bedürfnisse — Ziele, Werte, Normen, Vertrauenskultur, Präsenz, Eigene Beispiel / Glaubwürdigkeit / (Selbst)Verantwortung / aktive Zuhören, Emotionale Intelligenz / Selbst (Disziplin)

Die Herausforderung

Abbildung 5-4: Leadership-Bedürfnis-Pyramide (Teil 2) | Quelle: Autor

Im Gegensatz zu Abbildung 3-1 beschreibt die Abbildung 5-4 die drei Hauptelemente Herausforderungen (die Ebenen der Pyramide), Erfolgskriterien (die möglichen Antworten) und Einflussfaktoren (Bereiche mit möglichem Handlungsbedarf). Der Mehrwert dieser Pyramide besteht aus der Idee, die Erfolgskriterien (wo möglich) in objektive Werte zu wandeln (vgl. Abbildung 5-2) und als Teil der Bereitschaft zu integrieren (Konsequenz 51). Die wichtigsten Elemente der Leadership-Bedürfnis-Pyramide werden in der nachfolgenden Abbildung erläutert, um darauf basierend die Erfolgskriterien (oder Messparameter) genau zu definieren.

Ebene	Besonderheit
Sinnvermittlung	Sinnvermittlung ist das A und O. Die erste Ebene ist auch stark mit weiche Faktoren verbunden. Es braucht Zeit, bis alle Voraussetzungen erfüllt sind. Hier sind der Kommandant der Logistik Brigade 1 sowie seine Unterstellten und Mitarbeiter Schlüssel zum Erfolg. Ohne eine starke Sinnvermittlung wird die Progression schwierig.
VUCA-/SSEE Welt	Der Bereich kann nur profitieren, wenn die erste Ebene stark genug ist. Eine Mischung von harten bzw. weichen Faktoren ist hier zu sehen (z.B. Aktionsplanung und Fehlerkultur). Hier findet die Vision-Mission-Strategie ihr Zuhause.
Netzwerkdenken	Auf dieser Ebene geht es darum, die Diversität, die Zusammenarbeit und die Kommunikationsfähigkeit zu fördern.
Resilienz Antifragilität	Resilienz und Antifragilität (siehe Glossar) sind für die Organisation überlebenswichtig. Die Sinnvermittlung ist eher auf den persönlichen Ebenen zu verstehen. Resilienz und Antifragilität beschreiben die Stärke einer Organisation.

Tabelle 5-3: Besonderheiten Leadership-Bedürfnis-Modell | Quelle: Autor

Die Wichtigkeit und den Stellenwert der beiden letzten Ebenen verdeutlicht Abbildung 5-5.

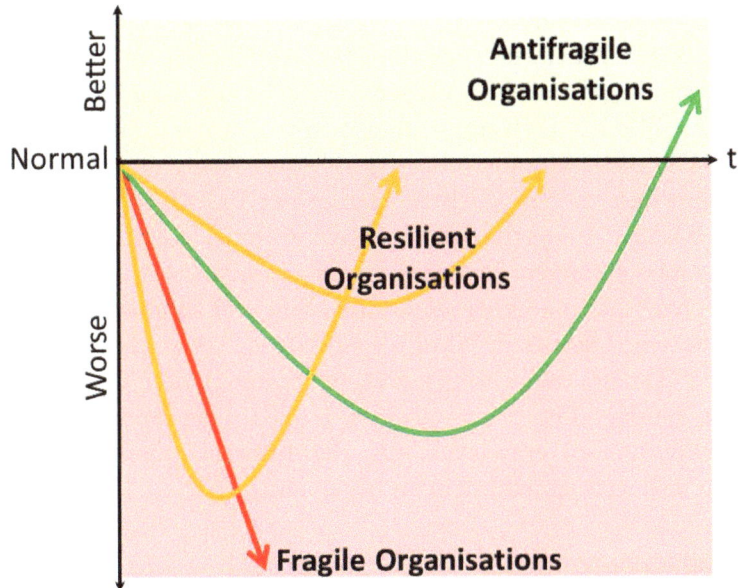

Abbildung 5-5: Resilienz und Antifragilität | Quelle: Kenel & Torres Caldas (KTC)

5.2.4 Die Prozessdarstellung

Mit der Prozessdarstellung sollen die Vision-Mission-Strategie, die Think-Tanks sowie die verschiedenen Produkte vereint werden. Zum besseren Verständnis zeigt Anhang 17 die Abhängigkeiten von den verschiedenen möglichen Produkten und einen möglichen Prozess auf.

Der Teil „Einsatzbereitschaft (im Prozess)" stellt die Abhängigkeiten zwischen den 5 Zeitdimensionen und den Einflüssen aus verschiedenen Aktivitäten bzw. Analysen dar. Die Folie „Im Gesamtsystem denken" zeigt die Herausforderung, die vielen Auswertungsdaten, Bereiche und Quellen sinnvoll und konkret zu analysieren und zu konsolidieren, auf. Die Folie „Die Überprüfung der Leistung" veranschaulicht den Prozess der Bereitschaft. Die letzten zwei Folien „Pronto" zeigen das Vorgehen, wie die Einsatzbereitschaft (Teil-/Mobilisierung der Kräfte) der Logistikbrigade 1 so rasch als möglich erreicht werden kann.

Die Einbettung der Prozesse in einen möglichen Zeitplan wird im nächsten Kapitel behandelt. Eine Vertiefung der Folien ist jedoch notwendig. Es handelt sich um die Herausforderung in Bezug auf „Im Gesamtsystem denken". Gemäss Absicht des Kommandanten soll sich das FGG 5 (Planung) intensiv mit der Frage der Zukunft befassen. Eine echte Herausforderung ist somit, die Zukunft vorherzusehen. Um dies zu ermöglichen, verfügt der Brigadestab über eine Menge an Daten, Auswertungen und Erfahrungen. Leider erbringen diese nur einen geringen Mehrwert, weil sie nicht mit „Netzwerk-Gedanken" zusammengeführt sind. Diese Situation entsteht aufgrund der verzettelten Diensttage (Milizorganisation), der verschiedenen involvierten Akteure bzw. wegen des Prozesses. Unter der Leitung des Autors hat das FGG 5 im Stabskurs II (2016) eine mögliche Antwort (Abbildung 5-6) entwickelt, um der Informationsflut in einer stringenten und wirksamen Form zu begegnen.

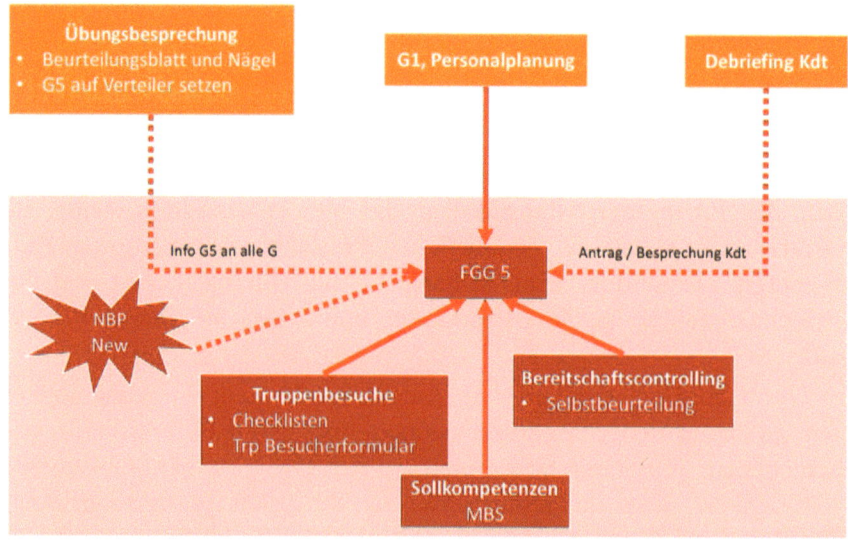

Abbildung 5-6: Steuerungsprozess (Revision der Berichte) | Quelle: FGG 5, Log Br 1

Das Ziel eines jeden Stabskurses ist es, alle notwendigen Informationen, Berichte und Erfahrungen zu analysieren und somit den Beitrag an die Leadership-Bedürfnis-Pyramide zu verstärken. Im Teil *Übungsbesprechung* geht es darum, alle Erkenntnisse konsequenter zu erfassen. Im Bereich *Personelles* steht die Analyse der zur Verfügung stehenden Ressourcen im Vordergrund. Beim *Debriefing Kommandant* geht es primär darum, relevante Gesprächselemente in den Prozesskreis zu integrieren. In den Bereichen *Truppenbesuche* und *Bereitschafscontrolling* geht es primär um die Datenerfassung und die Analyse. Der Kommandant wünscht[135], auch im Bereich *NBP* (Nachbearbeitungsprozess) ein ehrliches Feedback als Ergänzung vorzusehen (Konsequenz 53). Die Akteure dieses zusätzlichen NBP sollen aus verschiedenen Quellen stammen. All diese Punkte sind nun in einem Netzwerksystem zu betrachten.

5.3 Bearbeitung der Alternativen

Bei den Alternativen geht es darum, in einer konsolidierten Form alle Konsequenzen, die durch eine vorgesetzte Kommandostelle zu behandeln sind, herauszuarbeiten. Die Alternativen zeichnen sich durch den langfristigen Erfolg aus und verfolgen den Zweck, die Rolle des Leaderships und die Bindung an die Armee zu stärken.

Nr.	Konsequenz	Betrifft	Ziel
18	(2.3.1.3) Der Trend der Distanz-Learning an der HKA als möglichen Stossgedanken weitergeben.	HKA	prüfen, ob es machbar ist, Teile der Ausbildung zu Hause zu absolvieren (inkl. Dienstzeit).
21 43	(2.3.1.4) Die Aspekte der Führung ab Truppenkörper sollen an Bedeutung gewinnen. Die weichen Faktoren sollen auch in der Ausbildung für die höheren Kader einen festen Platz finden. Zusätzlich 3.1.7 (Soft Skill).	HKA/ZS	Bereich Leadership als Bestandteil der Ausbildung.
24	(2.3.1.5) Das Bedürfnis in Be-	HKA/Gst	Ergebnisse aus dem

---

[135] Brigadier Thomas Süssli persönliches Gespräch mit Autor (Stabskurs II, 26.05.2016).

	zug auf Flexibilisierung des Generalstabsoffiziersmodells und eine Aufwertung der Fach- bzw. Führungskarriere sind für die ferne Zukunft zu prüfen.	S	Fragebogen bekanntgeben.
25	(2.3.1.5) Zu prüfen ist, ob die MIKA oder das ZFA Refresh-Kurse ins Angebot aufnehmen kann.	HKA/MIKA /ZFA	Ergebnisse aus dem Fragebogen bekanntgeben, neues Ausbildungsangebot prüfen.
26	(2.3.1.5) Ein Mitfinanzierungsprogramm (Teilnahme EMBA-Programm), begleitet durch ein entsprechendes Konzept (Einbindung im Think-Tank-System), soll geprüft werden.	Ausbildungskommando	Mehrwert ziv/mil Ausbildung erhöhen, Fähigkeiten der Milizoffizier langfristig an die Armee binden.
27	(2.3.1.5) Ein modulares „ETCS"-Konzept soll geprüft werden.	Ausbildungskommando	Auf Bedürfnisse der Miliz und deren Stärken und Schwächen eingehen.
28	(2.3.1.6) Möglichkeit, ein solches Konzept (Karriere-Checks) in der Armee einzuführen, prüfen.	HKA/MILAK	Karrieren-Check durch die MILAK (Entwicklung oder Begleitung) zur Stärkung der Akzeptanz mil/ziv.
29	(2.3.1.6) Im Bereich Sinnvermittlung ist ein Konzept für die Differenzierung (bezüglich Mehrwert ziv/mil Ausbildung) zu erarbeiten. (vgl. Kap. 5.3.3, Teil USP).	Ausbildungskommando	Bindung der Wirtschaft bezüglich militärischer Karriere erhöhen.
30	(2.3.1.6) Es ist zu prüfen, ob ein Coach-Konzept (mil/ziv) möglich wäre.	HKA/MIKA	durch den Einsatz von Berufsmilitär im zivilen Umfeld die Akzeptanz der militärischen Führungsausbildung erhöhen.

31	(2.3.2.2) Der G7 soll künftig im Kdo der Log Br 1 eine Berufsstelle werden. Die gleichzeitige Ausübung der Milizfunktion (Dauer Berufsjob = Milizfunktion) ist zu prüfen.	J1	Ziel ist, die bürokratischen Arbeiten für den Stab zu reduzieren und sich auf die Durchführung der Ausbildung zu fokussieren.
32	(2.3.2.2) Effektivität und Sinn des Austauschs der Funktionen SC (von der Berufsfunktion zur Milizfunktion) und Stv Kdt. (von der Milizfunktion zur Berufsfunktion) sollten geprüft werden.	J1	Ausübung der Funktion soll von der Truppe als sinnvoll wahrgenommen werden.
34	(2.3.2.2) Im Bereich Kommunikation soll eine neue Funktion als Social-Media-Offizier geschaffen werden.	J1	Struktur ist auf die neue Medienrealität anpassen.
44	Erarbeitung (vgl. Anhang 14) einer Broschüre zur Leader-Entwicklung durch die Zentralschule.	HKA/ZS	Leadership als Thema für die Truppenkörper etablieren.

Tabelle 5-4: Erarbeitung der Alternativen (Vorschlag) | Quelle: Autor

Um das Ganze besser zu verstehen, wird auf den Ursprungsgedanken hingewiesen (vgl. Kap. 3.7.1 und Konsequenzenliste, Anhang 7). Alle vorgeschlagenen Massnahmen bzw. Vorschläge sollen dazu dienen, die USP zu stärken.

5.4 Rechtliche- /finanzielle Aspekte

Projekte bringen Veränderungen mit sich und werfen normalerweise Fragen nach den rechtlichen Voraussetzungen und den Kostenfolgen auf. Die meisten Ideen und Umsetzungsvorschläge der vorliegenden Arbeit sind entweder ohne rechtliche Folgen oder sie verursachen keine wesentlichen Kosten. Auf ein paar wenige Ausnahmen wird in diesem Kapitel eingegangen.

Bei Konsequenz 16 geht es darum, Offiziere nur noch für einen Teil der zu leistenden Diensttage aufzubieten und sie den anderen Teil der Arbeit nach einem individuell zu erstellenden Zeitplan zu Hause leisten zu lassen. Im zivilen Bereich spricht man auch von Home-Office. Die Verordnung über die Militärdienstpflicht, systematische Rechtssammlung (MDV, SR 512.21), geht als Regelfall davon aus, dass die Angehörigen der Armee für ihren Dienst durch die vorgesetzte Stelle aufgeboten werden (vgl. Art. 9 MDV). Ausnahmen sind deshalb zu regeln. Eine solche Ausnahme besteht heute schon für die Angehörigen der Militärjustiz. Art. 2 der Verordnung über die Militärstrafrechtspflege (MStV, SR 322.2) sieht vor, dass die Angehörigen der Militärjustiz ihren Dienst während der Dauer der Militärdienstpflicht nach Bedarf leisten. Das Leisten des sogenannten „Mühewalttages" ist in Ziffer 9 der Richtlinien des Truppenrechnungswesens für das Rechnungswesen der Militärjustiz (Beilage zum Reglement 67.030d „Handbuch für die Angehörigen der Militärjustiz") näher geregelt:

„Justizoffiziere, -unteroffiziere und -soldaten stellen für die dienstliche Tätigkeit ausserhalb der Verhandlungs- und Reisetage (Aktenstudium, Vorbereitung von Einvernahmen und Verhandlungen, schriftliche Arbeiten und dergleichen) Rechnung für Mühewalt. Der Zeitaufwand von insgesamt acht Stunden berechtigt zur Beanspruchung des Soldes und der Pensionsverpflegungsentschädigung (Ergänzungen zu Verwaltungsreglement VRE Ziff. 23 b) von Fr. 10.-- für einen Tag. Übersteigt die an einem Tag aufgewendete Zeit acht Stunden, so kann die Mehrzeit nicht auf einen anderen Tag übertragen werden."

Für den gefragten Kontext könnte man eine ähnliche Regelung bei den Stäben vorsehen. Aufgrund der allgemeinen und breiten Anwendbarkeit auf alle Stäbe wäre vermutlich nicht die Reglements- oder Weisungsebene, sondern eine ausdrückliche und präzise Grundlage in einer Verordnung vorzusehen, z.B. in der erwähnten Militärdienstpflichtverordnung. Ähnlich zu beurteilen wäre auch die Idee, Distanz-Learning (Konsequenzen 18-19) anzubieten und einen gewissen Aufwand als Dienstzeit anzurechnen. Auch hier wäre die Grundlage dazu in der Militärdienstpflichtverordnung zu schaffen.

Ebenso wäre je nach Ausgestaltung eine rechtliche Grundlage zu schaffen, damit ehemaligen Offizieren Refresh-Kurse (Konsequenz 25) angeboten werden können. Sollen diese Kurse als Diensttage geleistet und vergütet werden, so wäre dies ebenfalls in der Militärdienstpflichtverordnung zu regeln, auch wenn die Kurse freiwillig sind. Würden die Kurse freiwillig, zivil und ohne irgendwelche Entschädigung besucht, bräuchte es wohl keine besondere Rechtsgrundlage dafür.

In Bezug auf die Mitfinanzierung eines EMBA (Konsequenz 26) für z.B. erfolgreiche Bat Kdt oder Stabsoffiziere handelt es sich um die Regelung der Erlangung der erforderlichen Voraussetzungen für die angestrebte Funktion. Auch diese sind mehrheitlich in der Militärdienstpflichtverordnung (vgl. Anhang 4 MDV) und teilweise in Weisungen und Reglementen umschrieben. Betreffend die Idee, in den Stäben der grossen Verbände eine Milizfunktion in eine Berufsfunktion umzuwandeln oder umgekehrt, sprechen wir von Belangen der Armeeorganisation, welche ebenfalls auf Verordnungsebene geregelt sind. Die Verordnung des VBS über die Organisation der Armee (VOA-VBS, SR 513.111; Anhänge nicht publiziert) regelt im Detail die Gliederung der Truppenkörper und der Formationen.

Beim Anbieten von Dienstleistungen (Konsequenz 30) durch Berufskader der Armee ausserhalb der eigenen Infrastrukturen (Führungscoaching) ist zu beachten, dass es sich im Grunde um eine wirtschaftliche Tätigkeit handelt. Der Bund darf ohne ausdrückliche gesetzliche Grundlage nur in sehr engem Rahmen wirtschaftlich tätig sein. Gemäss Art. 148i des Militärgesetzes (MG, SR 510.10) müssen gewerbliche Leistungen des VBS in engem Zusammenhang mit den Hauptaufgaben der Verwaltungseinheit stehen, sie dürfen die Erfüllung der Hauptaufgaben nicht beeinträchtigen und sie dürfen keine bedeutenden zusätzlichen sachlichen oder personellen Mittel erfordern. Zudem dürfen höchstens kostendeckende Preise verlangt werden. Die Problematik liegt hier vor allem in der Konkurrenzierung der Privatwirtschaft. Je nach Ausmass der angebotenen Dienstleistung an Dritte wäre deshalb vertieft zu prüfen, welche dieser Dienstleistungen noch ohne Schaffung einer ausdrücklichen Gesetzesgrundlage möglich wären.

Zusammengefasst kann festgehalten werden, dass in Bezug auf eine allenfalls notwendige Anpassung von Rechtsgrundlagen keine Gesetzesänderung notwendig wäre. Es wären Verordnungen, Weisungen oder Reglemente betroffen. Während die Militärdienstpflichtverordnung vom Bundesrat und die Verordnung des VBS über die Organisation der Armee vom Departementchef erlassen werden, liegen die Weisungen und Reglemente in der Kompetenz des Departements oder bei den tieferen Hierarchieebenen. Der rechtliche Handlungsbedarf wäre somit auf Stufe Bundesrat oder bei tieferen Hierarchiestufen anzusiedeln. Nachdem die Militärdienstpflichtverordnung erfahrungsgemäss alle zwei Jahre angepasst wird, wären entsprechende Änderungen relativ rasch umsetzbar.

In Bezug auf die wirtschaftlichen Aspekte gilt es zu erwähnen, dass einerseits im Zusammenhang mit dem Verständnis des Logistikgrundauftrages (Abbildung 4-1) und der Umsetzungsstrategie (Tabelle 5-4) ein Schwergewicht in der sorgfältigen Nutzung der knappen finanziellen Ressourcen gesetzt wird. Gewisse in dieser Arbeit empfohlene Alternativen zur heute praktizierten Ausbildung wie z.B. ein Karrieren-Check (Konsequenz 28) oder eine Änderung im personellen Bereich (Konsequenzen 31-32) könnten gewisse Mehrkosten nach sich ziehen. Für eine präzisere Aussage müsste eine detaillierte Kosten-Nutzen-Analyse vorgenommen werden. Dies würde aber den Rahmen dieser Arbeit sprengen.

5.5 Risikomanagement

In den einzelnen Kapiteln wurden verschiedene Analysen und Konsequenzen breit diskutiert. Die Umsetzung der verschiedenen Ergebnisse birgt in sich zusätzliche Fragen, wie zum Beispiel den Sinn von Aktionen und dem entsprechenden Vorgehen in Bezug auf Gefahren. Das Risikomanagement[136] ist somit eine mögliche Aufnahme der Umsetzungsgefahr. Selbstverständlich ist diese Liste dynamisch und muss in der Umsetzungsphase kontinuierlich überprüft und angepasst werden.

Die folgenden elf Punkte sind zwingend in der Umsetzungsphase zu berücksichtigen (alphabetische Ordnung):

1. **Funktionswechsel**: eingeschränkte Kontinuität, Verlust an

---

[136] Schweizer Armee, «FSO 17 (Regl. 50.040 d)», 93 ff.

Kohäsion und Minderung der Bindung an die Organisation.

2. **Menschengeneration**: Missverständnis zwischen Generationen, höheres Konfliktpotenzial, Reduzierung der Produktivität.

3. **Micromanagement**: Befehlstaktik anstelle von Auftragstaktik, Verlust an Vertrauen und Reduzierung der Eigeneinitiative.

4. **Prozesse**: Verlust der Effektivität, Selbstzweck der Prozesse.

5. **Sinnvermittlung**: Reduzierung der Wirksamkeit der Leadership-Bedürfnis-Pyramide.

6. *Soft Skills:* Vernachlässigung der weichen Faktoren zugunsten der mehr fassbaren, harten Faktoren.

7. **Stabsarbeit**: Vernachlässigung des eigenen Trainings zugunsten anderer Aktivitäten (z.B. Vorbereitung von Übungen).

8. **Stellenbesetzung**: Mehrere Offiziere sind auch in einer wichtigen zivilen Funktion tätig (Schlüsselfunktionäre). Im Falle eines militärischen Aufgebots kann dies zu Friktionen führen.

9. **Technologie**: Chance verpasst, die neuen Technologien (bspw. Sozial Media) wirksam einzusetzen, oder durch die rasante und dynamische Lageentwicklung den Anschluss verpasst.

10. **Vertrauens**-/**Fehlerkultur**: Schwächung der Leadership-Bedürfnis-Pyramide, Minderung der Kreativität, Risiko der „Ich-Kultur".

11. **Wissenstransfer**: Reduzierung der Wirksamkeit und der Effektivität im Bereich der Wertschöpfung auf längere Zeit.

Die Abbildung 5-7 zeigt die kritischen Punkte (1-11) und der Anhang 16 beschreibt im Detail das Vorgehen, um Risiken zu minimieren.

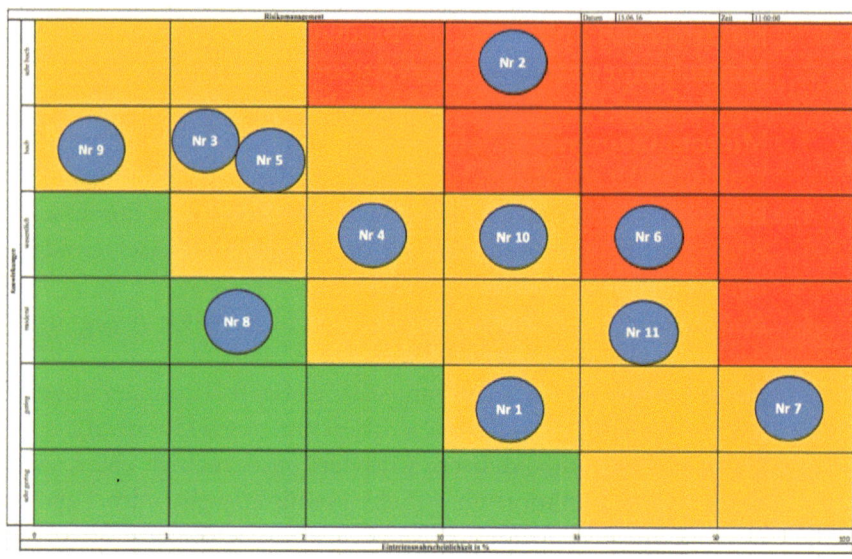

Abbildung 5-7: Risikomanagement | Quelle: Autor

Das Risikomanagement berücksichtigt auch die Potenzialerfassung der Einsatzbereitschaft (Abbildung 3-3), die aufgrund der Kenntnisse und Erfahrungen des Autors entstanden ist. Im Weiteren ist es die Analyse der verschiedenen Bedrohungen der aktuellen Lage.[137]

5.6 *Strategy-Map*

Im Kapitel 4.2.3 wurde die Begriffe BDL und PALF vorgestellt. Die Kombination dieser beiden Akronyme führt zu einem Tool, das bei der Umsetzung der Strategie helfen kann. Die Idee des Konzepts ist dem Kommandanten der Logistikbrigade 1 zuzuweisen und nichts anderes als eine *Balanced-Score-Card* (BSC), welche an die Bedürfnisse der Logistikbrigade 1 angepasst ist. Der Autor hat das Konzept der

---

[137] Bedrohungsstufe ALPHA: allgemeine Grundbedrohung gegen die Schweizer Armee (Personal, Immobilien/Material und Informationen). Allgemeine internationale Ereignisse: keine spezifische Bedrohung gegen die Schweizer Armee. Armeerelevante Ereignisse: entsprechend Vorjahren, keine Systematik, geringe Häufigkeit. Allgemeine Hinweise auf Akteure beziehungsweise Aktionsformen. Quelle: www.extranet.vtg.admin.ch - Geschützter Bereich. Stand 15.06.2016.

Tabelle 5-5 übernommen, angepasst und ergänzt.

Vision	Erfüllung militärischer, logistischer und sanitätsdienstlicher Aufträge in einer VUCA-Welt			
Mission	Kampfkraft generieren			
Strategie	Umsetzung	(B)	(D)	(L)
Schlüsselaktivitäten (Bereiche)	(P)	• e-Alarm • Einstellung zum Dienst • Commitment	• Kadernachwuchs • Beitrag/Anerkennung Kaderausbildung (Privatwirtschaft)	• Stufe 1 der Pyramide (Sinnvermittlung) • Botschaft Kdt (Warum)
	(A)	• Anleitung logistische Einsatzplanung (ALE) • Wissensplattform • Leadership-Broschüre	• Sollkompetenzen 2020 • neue Trends • Erfahrungsaustausch (int/ext)	• Erwachsenenausbildung • Training (alle Stäbe) • über Erfolge erzählen
	(L)	• Mob Dossier Trp Kö • Standort und Mob Dossier Log Br 1	• Zusammenarbeit mit Partnern (FGG) • Zusammenarbeit mit zivilen Partnern	• Beitrag zur Ökologie • Beitrag zur Kostenersparnis
	(F)	• Alarmierung Br (LARA-LENA-LOCA-LUNA) • PPQQZD / MBR aller Stäbe • Cockpit Log Br 1	• variierendes Rahmenwerk U für SU • Strategie-Board • Think-Tank	• Stufe 2 der Pyramide (VUCA-/SSEE-Welt)

Tabelle 5-5: Massnahmen Strategieumsetzung | Quelle: Autor

BDL stellt die strategischen Ziele dar, während PALF die Schlüsselbereiche zur Erreichung der strategischen Ziele definiert. Mit der *Strategy-Map* (Strategieumsetzung) hat man die Möglichkeit, die Erreichung der Ziele anhand des Strategie-Boards zu überwachen (Konsequenz 49) und wo nötigt mit dem Think-Tank-Konzept (Konsequenz 15) zu ergänzen.

5.7 Terminplanung und *Key Performance Indicator* (KPI)

Im Sinne der Auftragstaktik ist es auch an dieser Stelle vernünftig, sich auf die wesentlichen Meilensteine zu fokussieren. Die Terminplanung kreist um die Ebenen Brigadebüro, Brigadestab und Truppenkörper (Stab und Truppe). Ein mögliches Schwergewicht für das Jahr 2017 könnte wie folgt aussehen:

- Sinnvermittlung.
- Überprüfung der Prozesse.
- Einbindung durch Vision-Mission-Strategie-Konzept.
- Vertiefung eines bestimmten Themas.
- Abbau der Bürokratie zu Gunsten der Führung.
- Erarbeitung der Alternativen.
- Pflege und Rekrutierung des Nachwuchses durch sämtliche Schlüsselfunktionäre.

Aufgrund der Schwergewichte sind folgende KPI für das Jahr 2017 vorzusehen:

- Für das FGG 5 geht es darum, die internen Prozesse so festzulegen, dass das Jahresziel, das Erreichen der Einsatzbereitschaft, verifiziert werden kann (vgl. Abbildung 3-3). Ein weiteres Schwergewicht ist es, den Mehrwert des Steuerungsprozesses (vgl. Abbildung 5-6) zu belegen.
- Für das Brigadebüro bzw. den Brigadestab geht es darum, die Effektivität zu steigern. Ziel ist es, die Ressourcen auf den Kernauftrag auszurichten (Führung, Personalwesen, Durchführung der Ausbildung). Konkret heisst dies, die Prozessgestaltung so zu optimieren, dass Synergien mit dem Brigadestab und den Truppenkörpern zur Diminution der Bürokratie führen.
- Dem Kommandanten obliegt die Aufgabe, die Tätigkeiten inner-

halb der Logistikbrigade 1 durch sinngebende Botschaften so zu steuern, dass das Verständnis bei allen gegeben ist und die Umsetzung auf jeder Stufe eigenverantwortlich gemacht wird. Das Vorgehen soll sich an der Leadership-Bedürfnis-Pyramide orientieren.

- In der Frage der Alternative ist zu empfehlen, den Katalog mit dem Einverständnis des Kommandanten später zu priorisieren. Das wird ein möglicher Auftrag für das Brigadebüro in Zusammenarbeit mit dem FGG 5 sein.

- Um den Kreis zu schliessen, wäre es künftig auch vernünftig, alle Besuche der Fachdienstchefs bei der Truppe dem Thema Kadernachwuchs unterzuordnen. Hier es geht darum, die personelle Situation der Truppenkörper zu beurteilen, um mögliche und vor allem geeignete Kandidaten motivieren zu können. Das könnte zu einem Mehrwert und einer echten Unterstützung für den Bataillonskommandanten werden.

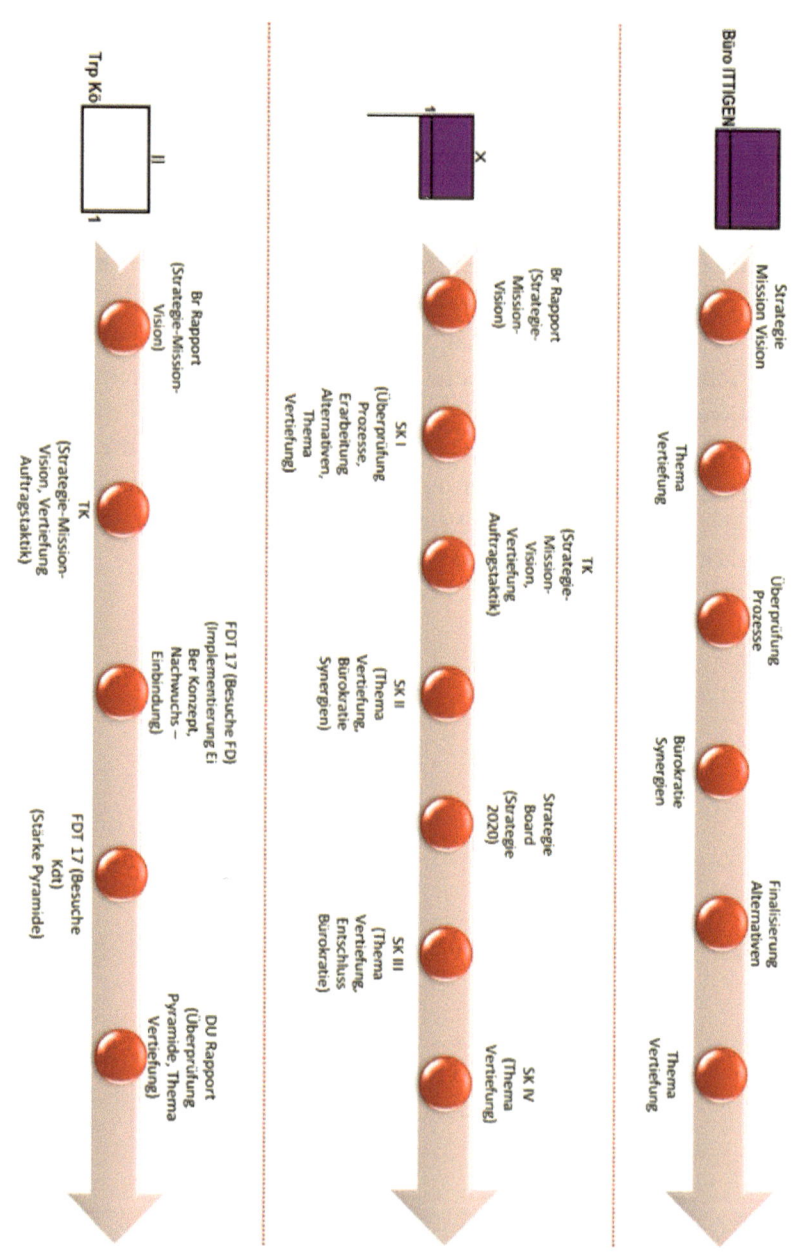

Abbildung 5-8: Umsetzungsplan, Schwergewichte Meilensteine 2017 | Quelle: Autor

5.8 Fazit

Das Leitmotiv dieses Kapitels könnte wie folgt zusammengefasst werden: Wir agieren jetzt, damit wir später auf erfolgreiche Leader zurückgreifen können.

Nachfolgend sind die Antworten auf die anfangs gestellten Fragen angeführt. Die im Kapitel enthaltenen Punkte gelten gleichzeitig als Antrag für die Umsetzung.

Obwohl die Logistikbrigade bereits heute eine leistungsfähige Formation ist, handelt es sich in dieser Arbeit und im Sinne der Metapher der Mäuse-Strategie darum, Veränderungen erfolgreich begegnen zu können. Der Ansatz des Autors anlässlich dieser Arbeit war, den Auftraggeber womöglich in die Diskussion einzubeziehen, da die Kommunikation ein unverzichtbarer Erfolgsfaktor ist. Der Ansatz hat sich gelohnt, da im Verlauf der vergangenen Monate mehrere Ideen und Überlegungen bereits umgesetzt wurden, also „Vorsprung durch Leadership".

In der Frage des Mehrwerts der militärischen Ausbildung wurde festgestellt, dass eine differenzierte Strategie und ein Verzicht auf die Durchschnittstendenz der USP auf längere Zeit lohnend sind. Selbstverständlich werden auch die evolutiven Alternativen diesen Trend verstärken.

Aufgezeigt wurde auch die Wichtigkeit der ersten Stufe der Leadership-Bedürfnis-Pyramide. Durch das ständige Bewusstsein der Bedeutung und eine gezielte Anwendung (z.B. mit dem Vertiefungsblock) sowie eine klare Einbindung im Cockpit ist es möglich, Erfolge zu erzielen.

Somit ist klar, dass die Einbindung der gesamten Leadership-Bedürfnis-Pyramide im Cockpit ein Erfolgsfaktor ist, der schlussendlich das Erreichen der Einsatzbereitschaft ermöglicht. Der Steuerungsprozess (Abbildung 5-6) ermöglicht eine effektivere und raschere Lagedarstellung, um schlussendlich die Positionierung (Potenzialerfassung, Abbildung 3-3) in der Leadership-Bedürfnis-Pyramide festzustellen.

Bei der Frage bezüglich des Know-hows, Wissenstransfers sowie dessen Nachhaltigkeit und Effektivität ist die Antwort komplexer. In erster Linie geht es um die Anpassung der Strukturen (vgl. Alternativen, z.B. Schaffung Austauschplattformen), gefolgt von einer besseren Nutzung der Synergien (Prozesse, Reduktion der Bürokratie). Diese Schritte ermöglichen eine erste Optimierung. Auf der anderen Seite geht es um die vermehrte Einbindung der Betroffenen im Gesamtsystem, um eine Steigerung der Resilienz und Antifragilität zu erzielen.

6 Schlussbetrachtung

Dieses Kapitel wird die Reise durch die Welt des Leaderships beenden und die Fragen nach der Erhöhung der Einsatzbereitschaft beantworten. Es geht darum, zuerst die erzielten Erfolge aufzulisten und danach eine Antwort auf die im Kapitel 1 gestellten Fragen zu finden sowie die wichtigsten Empfehlungen noch ein letztes Mal zu unterstreichen.

„Wer nicht kreativ etwas Neues schafft, hat in der Wissenschaft nichts geschafft"[138], betonte Hengstschläger in seinem Buch. Ein kritischer Rückblick zeigt, dass in der vorliegenden Arbeit einiges realisiert werden könnte:

- Das Leadership-Modell (Landschaftsmodell Leadership, Abbildung 2-2) konnte als Anhaltspunkt zum Verständnis der Leadership-Bedeutung Klarheit bringen.
- Die Leadership-Bedürfnis-Pyramide (Abbildung 3-1) konnte sich als Leuchtturm, um die Stärke der Leaderships messen zu können, etablieren.
- Innovativ war auch der Ansatz in Bezug auf Strategie-Board, Think-Tank und das Konzept der 5 Zeitdimensionen, dessen Anwendung einen starken Beitrag zur Erhöhung der Einsatzbereitschaft verfolgt.

Die künftigen Führungskräfte benötigen auch für die Zukunft Planungs-, Entscheidungs- und Führungsfähigkeiten. Um die Effektivität und Effizienz zu erreichen, sollen die künftigen Führungskräfte die VUCA- resp. SSEE-Welt gut verstehen bzw. beherrschen und nach dem vorgestellten Motto „Vorsprung durch Leadership" leben.

Ein modernes und zielführendes Leadership kann somit einen wesentlichen Beitrag zur Einsatzbereitschaft leisten. Die Herausforderung besteht darin, den Grossteil der subjektiven Werte mit objektiven Werten messen zu können.

---

[138] Hengstschläger, *Die Durchschnittsfalle*, 132.

In der Frage der Nachhaltigkeit zeigt die Leadership-Bedürfnis-Pyramide einen möglichen Weg, um eine Organisation durch die fünf Stufen zu stärken, wobei die letzten zwei Stufen Resilienz und Antifragilität als langfristige Ziele zu verstehen sind.

Eine empfehlenswerte Veränderung in der Führung und in der Ausbildung soll in den weichen Faktoren stattfinden. Die Bedeutung der Sinnvermittlung soll künftig als Schwergewicht gesetzt sein. Weil die harten Faktoren mit Anhaltspunkten einfacher fassbar sind als die weichen, werden die weichen Faktoren (bewusst oder unbewusst) vernachlässigt.

Die letzte Frage beschäftigte sich mit dem Mehrwert der militärischen Ausbildung zu Gunsten der zivilen Führung. Dort ist es wichtig, sich von der Konkurrenz zu distanzieren und die vorhandene USP weiterhin zu stärken und zu pflegen. Die praktische Führungserfahrung ist und bleibt das Kernelement des militärischen Mehrwertes.

Nebst den Methoden bzw. Ansätzen, die anlässlich dieser Arbeit vorgestellt wurden, scheint es noch einmal wichtig, die zentralsten Empfehlungen zu wiederholen. Die Leadership-Bedürfnis-Pyramide soll als ein Messinstrument angewandt werden. Von den beiden vorgeschlagenen Varianten empfiehlt es sich, die Variante VALANGA umzusetzen. Weiter wird die Implementierung des Triumvirats Vision-Mission-Strategie empfohlen. Als wichtige Methoden sind die Schaffung eines Strategie-Boards, eines Think-Tanks und die Rolle des FGG 5 in der Umsetzung zu erwähnen. Der Bereich der Alternativen soll weiterhin vertieft werden, um den Gesamtrahmen (Einsatzbereitschaft) noch stärker zu machen. Das Risikomanagement ist ebenso für die Umsetzung von Relevanz.

Es wurde mehrere Male betont, dass die Auftragstaktik weiterhin gegenüber der Befehlstaktik zu bevorzugen ist. Die Führungserfahrung des Autors zeigt aber, dass ein Ereignis oft als störendes Verhalten bezeichnet wird, anstatt die Ursachen eines Führungsfehlers zu korrigieren. Diese Situation führt sehr oft zu Einschränkungen oder zusätzlichen Verboten oder Vorschriften. Ein modernes militärisches Leadership soll das vehement verhindern.

Mit der Auseinandersetzung dieser faszinierenden und entscheidenden Thematik bezüglich der Führung möchte der Autor abschliessend der Hoffnung Ausdruck verleihen, dass es ihm gelungen ist, einen konkreten Beitrag zur Verbesserung der Einsatzbereitschaft eines Verbands, welcher das Rückgrat der Schweizer Armee darstellt, zu leisten.

Glossar

Begriff	Beschreibung	Quelle
Antifragilität	Die Fähigkeit, ein System aufgrund eines Ereignisses oder einer Situation und dank seiner Fähigkeit und vermehrten Flexibilität zu verbessern bzw. zu stärken (siehe auch Resilienz).	Formulierung bzw. Interpretation durch Autor nach Nassim Nicholas Taleb
Auftragstaktik	Führungsverfahren, in dem der Unterstellte im Rahmen der Absicht des Vorgesetzten ein Maximum an Handlungsfreiheit zur Erfüllung seines Auftrages erhält (siehe auch Befehlstaktik).	Reglement 52.055 d
Befehlstaktik	Im Gegensatz zum Führen mit Auftrag, welches dem untergebenen Soldaten (Unterführer) eine gewisse Freiheit in der Durchführung eines erteilten Auftrags einräumt, bindet die Befehlstaktik den Untergebenen strikt an die Weisung seines Vorgesetzten. Auch zweckmässige, der Lage angepasste, eigene Entschlüsse sind nicht vorgesehen (siehe auch Auftragstaktik).	Wikipedia[139]

---

[139]Wikipedia. https://de.wikipedia.org/wiki/Befehlstaktik (Stand 04.05.2016).

Begriff	Beschreibung	Quelle
dynamische Faktoren	Teile des Landschaftsmodelles, die Wirtschaft und Gesellschaft, Technologie, Generation Mensch und Führungsebene beinhalten (siehe auch Landschaftsmodell Leadership).	Autor
Effektivität (effektiv)	Die richtigen Dinge tun (siehe auch Effizienz).	Fredmund Malik[140]
Effizienz (effizient)	Die Dinge richtig tun (siehe auch Effektivität).	Fredmund Malik[141]
emotionale Intelligenz	Sie beschreibt die Fähigkeit, eigene und fremde Gefühle (korrekt) wahrzunehmen, zu verstehen und zu beeinflussen. Die fünf zentralen Elemente der emotionalen Intelligenz: Selbstwahrnehmung, Motivation, Selbstregulierung, Empathie, soziale Fähigkeiten (siehe auch soziale Intelligenz)	Wikipedia[142] und Ergänzung Autor
explizite Sprache	indirekte Kommunikation (siehe implizite Sprache)	

---

[140] Markus Hengstschläger, *Die Durchschnittsfalle: Gene - Talente - Chancen* (Salzburg: Ecowin-Verl, 2012), 65.

[141] Ebd.

[142] Wikipedia. https://de.wikipedia.org/wiki/Emotionale_Intelligenz (Stand 09.04.2016).

Begriff	Beschreibung	Quelle
Führungsfaktoren	Teile des Landschaftsmodells, beinhalten Eigenschaften der Führungskräfte (Unternehmer, Manager, Chefs), Stärke des Leaderships und Rollen der Leader (siehe auch Landschaftsmodell Leadership)	Autor
Führungsstil	Art, wie der Führer seine institutionelle Autorität bei seinen Unterstellten im Gefecht ausübt	Paul Ritschard[143]
Führungstechnik	Methode, wie und wo der Führer alleine oder mit seinem Stab zeitgerecht Entschlüsse fasst und verwirklicht	Paul Ritschard[144]
implizite Sprache	implizite Kommunikation (Botschaften, die indirekt formuliert werden) (siehe auch explizite Sprache)	Hans Jürgen Walter[145]

---

[143] Paul Ritschard, *Führung im Gefecht und taktische Lehrmethoden* (Frauenfeld: Huber Verlag, 1989), 9.
[144] Ebd.
[145] Blog Hans Jürgen Walter. http://www.visionintoaction.de/explizite-implizite-kommunikation/ (Stand 09.04.2016).

Begriff	Beschreibung	Quelle
indirekte Sprache	indirekte Kommunikation (siehe direkte Sprache)	
kollektive Intelligenz	Die kollektive Intelligenz, auch Gruppen- oder Schwarmintelligenz genannt, ist ein emergentes Phänomen. Spezifische Handlungen von Individuen können intelligente Verhaltensweisen des betreffenden „Superorganismus", d.h. der sozialen Gemeinschaft, hervorrufen.	Wikipedia[146]
Landschaftsmodell Leadership	Das durch den Autor vorgeschlagene Schema beschreibt die Abhängigkeiten und das Verhältnis eines möglichen Leadership-Verständnisses. Das Modell beinhaltet Führungsfaktoren und dynamische Faktoren (siehe auch Führungsfaktoren, dynamische Faktoren und Leadership).	Autor
Leadership	*Leadership is the process by which leaders and followers develop a relationship and work together toward a goal (or goals) within an environmental context shaped by cultural values and norms* (siehe auch Landschaftsmodell Leadership).	Matthew Sowcik (Herausgeber)[147]

---

[146] Wikipedia. https://de.wikipedia.org/wiki/Kollektive_Intelligenz (Stand 09.04.2016).
[147] Sowcik, *Leadership 2050*, 2050.

Begriff	Beschreibung	Quelle
Mikromanagement	Das Mikromanagement, auch Mikroverhalten, ist die Fähigkeit oder Neigung eines Führers, in die unteren Ebenen und in verschiedene Bereiche unter Umgehung der Zwischenführungsebenen einzugreifen. Mikromanagement kann auch positiv sein.	Autor[148]
Resilienz	Fähigkeit, ein System oder eine Person aufgrund eines Ereignisses oder einer Situation wieder in eine Startposition zu bringen (in der Psychologie spricht man von psychischer Widerstandsfähigkeit) (siehe auch Antifragilität).	Formulierung durch Autor nach v. Amman und Alkenbrecher[149]
Schattenleute	Personen, Gruppen oder Organisationen, die einen wesentlichen Teil zur Auftragserfüllung darstellen. Der Erfolg wird normalerweise der Führung oder den Verantwortlichen zugeschrieben.	Definition Autor

[148] Rappazzo, «Mikromanagement».
[149] Amann und Alkenbrecher, *Das Sowohl-als-auch-Prinzip Resilienz*.

Begriff	Beschreibung	Quelle
Seestern Führungseigenschaften	Stark dezentralisierte Führungssysteme: Wenn ein Teil der Führung unfähig ist, Aufgaben wahrzunehmen, ist das System befähigt, die Ziele durch andere Involvierte weiterzuverfolgen (siehe auch Spinne Führungseigenschaften).	Formulierung durch Autor nach Brafman und Beckstrom[150]
soziale Intelligenz	Fähigkeit, andere zu verstehen sowie sich ihnen gegenüber situationsangemessen und klug zu verhalten Die Elemente der sozialen Kompetenz sind: Überzeugungskraft, Menschenkenntnis, Selbstkontrolle und Einfühlungsvermögen (siehe auch emotionale Intelligenz)	Wikipedia[151] und Ergänzung Autor

[150] Ori Brafman und Rod A Beckstrom, *Senza leader: da Internet ad Al Qaeda : il potere segreto delle organizzazioni a rete* ([s.l.]: Etas, 2007).
[151] Wikipedia. https://de.wikipedia.org/wiki/Soziale_Kompetenz (Stand 09.04.2016).

Begriff	Beschreibung	Quelle
soziale Kompetenz	Gesamtheit individueller Einstellungen und Fähigkeiten, die im Sinne der Kooperation nützlich sind, eigene Handlungsziele mit den Einstellungen und Werten einer Gruppe zu verknüpfen und so auch beim Verhalten und der Einstellungen dieser Gruppe mitzuwirken, umfasst eine Vielzahl von Fertigkeiten, die für die soziale Interaktion nützlich bzw. notwendig sind (siehe auch soziale Intelligenz).	vgl. Wikipedia[152]
Spinne Führungseigenschaften	stark zentralisiertes Führungssystem (wenn Führung unfähig ist, Aufgaben wahrzunehmen, kollabiert das System) (siehe auch Seestern Führungseigenschaften)	Formulierung durch Autor nach Brafman und Beckstrom[153]

[152] Wikipedia. https://de.wikipedia.org/wiki/Soziale_Kompetenz (Stand 09.04.2016).
[153] Brafman und Beckstrom, *Senza leader*.

Begriff	Beschreibung	Quelle
SSEE-Fähigkeiten	Fähigkeit des Einzelnen, einer Gruppe oder einer Organisation, erfolgreich in der SSEE-Welt zu bestehen und ein ausgewogenes Wechselspiel zwischen VUCA-/SSEE-Welt zu finden (siehe auch VUCA-Welt)	Definition Autor
Storytelling	Storytelling erzählt über die eigenen Fähigkeiten respektive Erfolge (der Organisation oder von besonderen Mitarbeitern). Es geht darum, die Beteiligten zu binden und die Sinnvermittlung zu erreichen (empathische Funktion). Ist eine Erzählmethode, mit der explizites, aber vor allem implizites Wissen in Form einer Metapher weitergegeben und durch Zuhören aufgenommen wird. Die Zuhörer werden in die erzählte Geschichte eingebunden, damit sie den Gehalt der Geschichte leichter verstehen und eigenständig mitdenken. Das soll bewirken, dass das zu vermittelnde Wissen besser verstanden und angenommen wird.	Auffassung des Autors und (2. Teil) v. Wikipedia[154]

---

[154] Wikipedia. https://de.wikipedia.org/wiki/Storytelling_(Methode) (Stand 09.04.2016).

Begriff	Beschreibung	Quelle
transaktionale Führung	Der Begriff transaktionale Führung bezeichnet einen Führungsstil, der auf einem Austauschverhältnis zwischen einer Führungskraft und ihrem Mitarbeiter beruht. Ein Beispiel ist die Zielvereinbarung, in der geregelt ist, welche Erwartungen an den Mitarbeiter gestellt werden, und welche finanziellen oder immateriellen Vorteile (oder Nachteile) er zu erwarten hat, wenn er die Anforderungen erfüllt (oder nicht erfüllt) (siehe auch transformationale Führung und Führungsstil).	Wikipedia[155]

---

[155] Wikipedia. https://de.wikipedia.org/wiki/Transaktionale_F%C3%BChrung (Stand 09.04.2016).

Begriff	Beschreibung	Quelle
transformationelle Führung	Transformationale Führung ist ein Konzept für einen Führungsstil, bei dem durch das Transformieren (lat. *transformare:* umformen, umgestalten) von Werten und Einstellungen der Geführten – hinweg von egoistischen, individuellen Zielen, in Richtung langfristiger, übergeordneter Ziele – eine Leistungssteigerung stattfinden soll. Transformationale Führungskräfte versuchen, ihre Mitarbeiter intrinsisch zu motivieren, indem sie beispielsweise attraktive Visionen vermitteln, den gemeinsamen Weg zur Zielerreichung kommunizieren, als Vorbild auftreten und die individuelle Entwicklung der Mitarbeiter unterstützen.(siehe auch transaktionale Führung und Führungsstil)	Wikipedia[156]
VUCA-Fähigkeiten	Fähigkeit des Einzelnen, einer Gruppe oder einer Organisation, erfolgreich in der VUCA-Welt zu bestehen und ein ausgewogenes Wechselspiel zwischen VUCA-/SSEE-Welt zu finden (siehe auch SSEE-Welt)	Definition Autor

---

[156] Wikipedia. https://de.wikipedia.org/wiki/Transformationale_F%C3%BChrung (Stand 09.04.2016).

Abkürzungsverzeichnis

AEK	Aussage – Erkenntnis – Konsequenz
ALE	Anleitung logistische Einsatzplanung
Anm. d. A.	Anmerkung des Autors
ASMZ	Allgemeine Schweizerische Militärzeitschrift
BB	*Baby-Boomer*
BDL	Bereitschaft – Diversität – Leadership
Br	Brigade
BSC	*Balanced-Score-Card*
CAS	*Certificate of Advanced Studies*
EMBA	*Executive Master of Business Administration*
FSO	Führung und Stabsorganisation der Armee
FU	Führungsunterstützung
HKA	Höhere Kaderausbildung der Armee
HWZ	Hochschule für Wirtschaft
Kdt ZS	Kommandant Zentralschule
KPI	*Key Performance Indicator*
Log	Logistik
LVb	Lehrverband
MDV	Militärdienstpflichtverordnung
MDV	Militärdienstpflicht
MG	Militärgesetz
MIKA	Management-, Information- und Kommunikationsausbildung
MILAK	Militärakademie
MStV	Militärstrafrechtspflege
NBP	Nachbearbeitungsprozess
NZZ	Neue Zürcher Zeitung
PALF	Personelles – Ausbildung – Logistik (und Ausrüstung) – Führung
PQQZD	Produkt – Qualität – Quantität – Dauer
SO	*Strengths – Opportunities*
SR	Systematische Rechtssammlung

SSEE	stabil, sicher, einfach, eindeutig
ST	*Strengths – Threats*
SWOT	*Strengths – Weaknesses – Opportunities – Threats*
US	*United States*
USA	*United States of America*
USP	*Unique – Selling - Proposition*
VBS	(Eidgenössisches Departement für) Verteidigung, Bevölkerungsschutz und Sport
VOA	Verordnung über die Organisation der Armee
VRE	Ergänzungen zum Verwaltungsreglement
VUCA	*Volatile, Uncertain, Complex, Ambiguous*
WO	*Weaknesses – Opportunities*
WT	*Weaknesses – Threats*

Abbildungsverzeichnis

Tabellenverzeichnis

Literaturverzeichnis

Ackermann, Spencer. «Stan McChrystal's Very Human Wired War». *Wired.com*, Januar 2011. http://www.wired.com/2011/01/stan-mcchrystals-very-human-wired-war/.

A. Hill, Linda, Greg Brandeau, Emily Truelove, und Kent Lineback. «Wecken Sie das kollektive Genie». *Harvard Business Manager*, 2015.

Amann, Ella Gabriele, und Frank Alkenbrecher. *Das Sowohl-als-auch-Prinzip Resilienz: Mit Sicherheit stark durch die Krise.* Berlin: Pro Business, 2014.

Ausbildungschef der Armee. «Gedanken zur Führung. Broschüre für Schulkommandanten und Instruktoren». Schweizer Armee, Oktober 1981.

Baumann-Habersack, Frank. *Mit neuer Autorität in Führung: warum wir heute präsenter, beharrlicher und vernetzter führen müssen.* Wiesbaden: Springer Gabler, 2015.

Brafman, Ori, und Rod A Beckstrom. *Senza leader: da Internet ad Al Qaeda : il potere segreto delle organizzazioni a rete.* [s.l.]: Etas, 2007.

Bruce, Falconer. *Lt. General William Pagonis, Gulf War logistics chief.* Bd. 2013. 15.07.2013. Motherjones, o. J. http://www.motherjones.com/politics/2007/10/lt-general-william-pagonis-gulf-war-logistics-chief.

Colletti, Giampaolo. «7 modi per raccontare bene la propria azienda (e 7 storie di successo)». *blog chefuturo.it*, 7. August 2013. http://www.chefuturo.it/2013/08/sette-modi-per-raccontare-storie-dazienda-e-sette-storie-di-successo/.

Cross, Rob, Reb Rebele, und Adam Grant. «Collaborative Overload». *Harvard Business Review*, Februar 2016. https://hbr.org/2016/01/collaborative-overload.

Duhigg, Charles. «What Google Learned From Its Quest to Build the Perfect Team». *The New York Times Magazine*, 25. Februar 2016. http://www.nytimes.com/2016/02/28/magazine/what-google-learned-from-its-quest-to-build-the-perfect-team.html.

Gleanings, Alan 's. «Definition of a Leader». *Blog Vtaide Alan's Gleanings*, Juli 2007. http://www.vtaide.com/gleanings/leader.htm.

Gürtler, Detlef, und GDI Gottlieb Duttweiler Institute. «Die Zukunft der Führung. Eine Trendstudie». SIB Schweizerisches Institut für Betriebsökonomie, 2013. www.sib.ch.

Hengstschläger, Markus. *Die Durchschnittsfalle: Gene - Talente - Chancen.* Salzburg: Ecowin-Verl, 2012.

Hengstschläger, Markus, und Michael Strugl, Hrsg. *Zukunft 5.0 - Handbuch für Zukunftsangelegenheiten.* Academia Superior - Gesellschaft für Zukunftsforschung, o. J. www.academia-superior.at.

Hesse, Gero. «Digitale Arbeitgeberkommunikation - 3 zentrale Thesen». *saatkorn. Der Blog von Gero Hesse*, 9. März 2016. https://www.saatkorn.com/digitale-arbeitgeberkommunikation-3-zentrale-thesen/.

Hettl, Matthias K. «VUCA - Gestiegene Anforderungen an Führungskräfte». *Führung Kompakt*, Januar 2016.

Hungenberg, Harald. *Strategisches Management in Unternehmen: Ziele - Prozesse - Verfahren.* 8., aktualisierte Aufl. Lehrbuch. Wiesbaden: Springer Gabler, 2014.

Ihle, Pascal. «Was auf die Arbeitswelt zukommt». *influence.ch*, 11. Februar 2016. http://influence.ch/wirtschaft/artikel/was-auf-die-arbeitswelt-zukommt/.

«Il Team Come i Girardelli: hanno sfidato Swiss-Ski». *Corriere del Ticino*, 14. März 2016.

«In 5 Jahren sind Roboter im Spital-Alltag normal». *20 Minuten*, 10. Februar 2016. http://www.20min.ch/schweiz/basel/story/10870855.

John P. Kotter. «Die Kraft der zwei Systeme». *Harvard Business Manager*, 2015.

Johnson, Spencer, Gaby Turner, und Ariston. *Die Mäuse-Strategie für Manager (Jubiläums-Ausgabe) Veränderungen erfolgreich begegnen.* München: Ariston, 2015.

Kaduk, Stefan. «Musterbrecher: Buch und Film zu Führung und New Work». *Saatkorn.com*, 10. März 2016. https://www.saatkorn.com/13274-2/.

Kellner, Oliver. «Unter Zeitdruck ist niemand kreativ». *Neue Luzerner Zeitung*, 18. Dezember 2009.

Kobler, Seraina. «Die Mühen der ‹neuen Väter›». *Neue Zürcher Zeitung*, 5. Februar 2016.

Krause, Donald G. *Die Kunst des Krieges für Führungskräfte: Sun Tzus alte Weisheiten - aufbereitet für die heutige Geschäftswelt.* Redline Wirtschaft bei Verlag Moderne Industrie. München: Verl. Moderne Industrie, 2002.

Kurz, Hans Rudolf. *Oberstkorpskommandant Theophil Sprecher von Bernegg. Persönlichkeit, Wirken, Gedanken.* Toggenburger Verlag, 1981.

Lafley, A. G., L. Roger Martin, Jan W. Rivkin, und Nicolaj Siggelkow. «Die Kunst der Strategieplanung». *Harvard Business Manager.* Zugegriffen 10. Oktober 2015. http://www.harvardbusinessmanager.de/heft/d-88169682.html.

Laurita Giuliana, und Roberto Venturini. *Strategia digitale: comunicare in modo efficace su internet e i social media.* Milano: U. Hoepli, 2014.

Lewis, Richard D. *Cross-Cultural Communication: A Visual Approach ; a Major New Edition of the Visual Guide to Cross-Culture.* 2. ed., rev. Warnford, Hampshire: Transcreen Publ, 2008.

Malik, Fredmund. *Führen, Leisten, Leben: wirksames Management für eine neue Zeit.* Neuausg. Frankfurt am Main: Campus-Verl, 2007.

«Meet Gen C: The YouTube Generation», Mai 2013. https://www.thinkwithgoogle.com/articles/meet-gen-c-youtube-generation-in-own-words.html.

Morace, Francesco. «Storytelling sempre e comunque. Comunicare diventerà sempre più un'arte e non una tecnica di persuasione». *millionaire*, ottobre 2015.

Müller, Beatrice. *Gut gebrüllt Löwe! Auftreten, überzeugen - sich durchsetzen.* Zürich: Orell Füssli & Co, 2015.

Niederhauser, Madlaina, Caroline Huber, und Annen Huber. «Der Einfluss von Resilienz auf die militärische Leistung». *ASMZ (Allgemeine Schweizerische Militärzeitschrift)*, März 2016.

Rappazzo, Alessandro. «Das Dilemma der Zukunft». *Blog: Opinione 67 | Diario*, 13. Juni 2016. https://rappazzo.org/2016/06/13/das-dilemma-der-zukunft/.

———. «Die sieben Todsünden der Stabsarbeit». *ASMZ (Allgemeine Schweizerische Militärzeitschrift)*, 2014.

———. «Mikromanagement: Ein verhängnisvoller Trend für erfolgreiche Führung». *ASMZ (Allgemeine Schweizerische Militärzeitschrift)*, Mai 2015.

———. «Personalführung - Codename der Mitarbeiter X100.400.435», 1. Oktober 2015. https://rappazzo.org/2015/10/01/personalfuhrung-codename-der-mitarbeiter-x100-400-435/.

———. «Urbane Räume der Zukunft: Sun Tsu und die Analyse des Gelände». *ASMZ (Allgemeine Schweizerische Militärzeitschrift)*, 2015.

Redazione Millionaire. «Una buona azienda si basa sulle persone». *millionaire*, März 2016.

Ricks, Thomas E. *The generals: American military command from World War II to today*. Oktober 2012. New York: Penguin Press, 2012.

Rieder, Peter. «Generation Z heisst der neue Trend». *Recruiting Club*, 14. Februar 2016. http://www.recruitingclub.at/generation-z/.

Riegel, Julian. «Digital Natives langweilen sich in der Schule». *20 Minuten*. 5. Februar 2016.

Ritschard, Paul. *Führung im Gefecht und taktische Lehrmethoden*. Frauenfeld: Huber Verlag, 1989.

Röthlisberger, Adrian. «Nutzen der unteren militärischen Kaderausbildung für angehende Führungskräfte in der Wirtschaft». Institut für Organisation und Personal der Universität Bern, August 2007.

Scheer, August-Wilhelm. «Thesen zur Digitalisierung (Whitepaper Nr. 7)». August-Wilhelm Scheer Institut für digitale Produkte und Prozesse (AWSi), Juni 2015.

Schiltknecht, Kurt. *Wohlstand - kein Zufall: die ökonomischen Zusammenhänge*. Zürich: Verl. Neue Zürcher Zeitung, 2015.

Scholz, Christian. *Generation Z: wie sie tickt, was sie verändert und warum sie uns alle ansteckt*. Weinheim: Wiley-VCH, 2014.

———. «Generation Z: Willkommen in der Arbeitswelt». *Der Standard*, 7. Januar 2012. http://derstandard.at/1325485714613/Future-Work-Generation-Z-Willkommen-in-der-Arbeitswelt.

———. «Weichen Stellen für die Zukunft. Gastkommentar». *Syntra Synergie*, 2013.

Schweizer Armee. *Dienstreglement DR 04 mit Disziplinarstrafordnung*. Reglement 51.002 d. Schweizer Armee, 2011.

———. «Führung und Stabsorganisation der Armee 17 (Regl. 50.040 d)». Schweizer Armee, 1. Juli 2014.

Shead, Mark. «Leadership - How to Challenge an Organization». *Blog Leadership501*, März 2016.
http://www.leadership501.com/how-to-challenge-an-organization/5/.

Sinek, Simon. *Partire dal perchè: come tutti i grandi leader sanno ispirare collaboratori e clienti*. Milano: FrancoAngeli, 2014.

————. *Ultimo viene il leader: perché alcuni team sono coesi e altri no*. Milano: Franco Angeli, 2014.

Skrabec, Quentin R. *La regola di san Benedetto per il successo negli affari*. Roma: Hermes Edizione, 2007.

Sowcik, Matthew, Hrsg. *Leadership 2050: Critical Challenges, Key Contexts and Emerging Trends*. Building Leadership Bridges. Bingley: Emerald Group Publ, 2015.

Taleb, Nassim Nicholas, und Daniela Antongiovanni. *Antifragile: prosperare nel disordine*. Milano: Il Saggiatore, 2013.

U.S. Army. «Leader Development Improvement Guide». Center for Army Leadership, November 2012. https://msaf.army.mil.

Voigt, Connie. *Interkulturelle Führung: Leadership der Vielfalt*. Zürich: Weka-Business-Media AG, 2010.

Weibel, Benedikt. *Simplicity - die Kunst, die Komplexität zu reduzieren*. Zürich: Verl. Neue Zürcher Zeitung, 2014.

Weibel, Prof. Dr. Antoinette, und Dr. Cornelia Birta. «Next Generation Leadership oder wie ich mit weniger Macht mehr erreiche». *Blog Hochschule für Wirtschaft Zürich (HWZ)*, März 2016. http://www.fh-hwz.ch/de/interview-weibel-birta.htm.

Wüllner, Thomas. «Sind unsere Führungskräfte wirklich fit für VUCA?» *Die Welt*, 14. November 2014.
http://www.welt.de/wirtschaft/karriere/article134336464/Sind-unsere-Fuehrungskraefte-wirklich-fit-fuer-VUCA.html.

Anhang 1: Grobkonzept Thesis

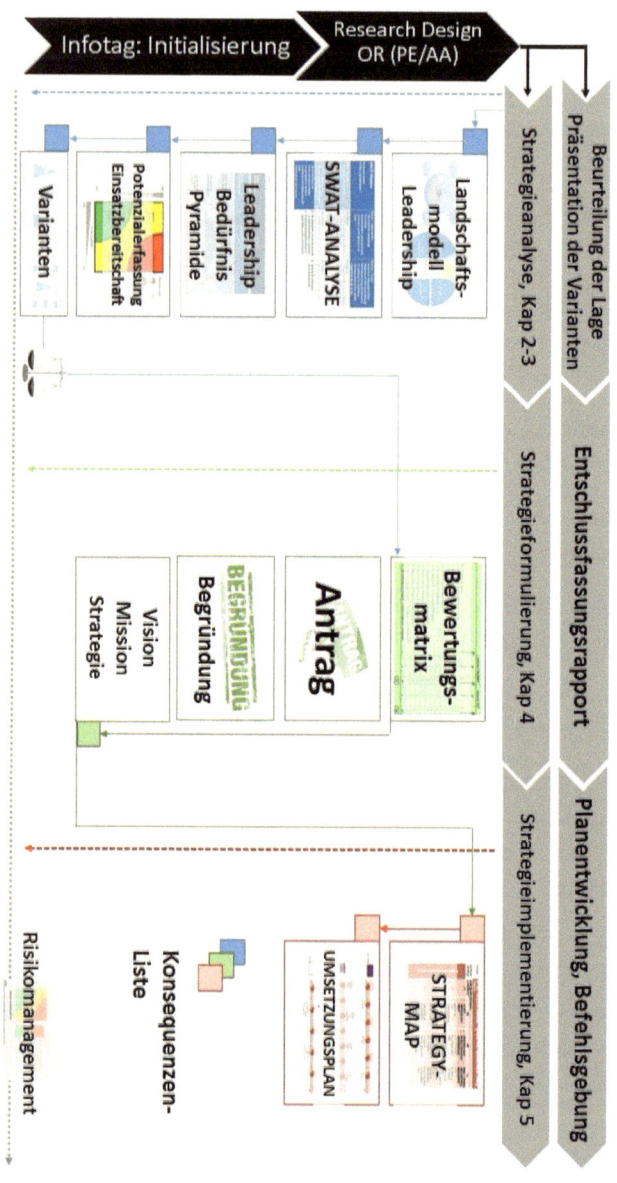

Anhang 2: Führungsphilosophie (Beispiel)

KOMMANDANT SPITALBATAILLON 5

MITTEILUNG FÜR DIE ANGEHÖRIGEN DES SPITALBATAILLON 5

Führungsphilosophie

1. **Ziel**
   Ein Ziel, eine Aufgabe, eine Führungsphilosophie!

2. **Einführung**
   Als Kommandant des Spitalbataillons 5, bin ich stolz, die Führung dieses Bataillon übernehmen zu dürfen. Ich bin überzeugt, dass wir als geschlossene Truppe alle an uns gestellten Ziele erfolgreich erfüllen können. Folgend will ich Ihnen meinen Führungsstil sowie meine Erfolgsansichten etwas näherbringen.

   Die folgenden Gedanken fassen die wichtigsten Merkmale im Bereich Absicht, Zielerreichung und Erwartung zusammen. Ich will transparent sein. Die folgenden Gedanken richten sie sich an alle AdA des Spitalbataillon 5. Vom Soldaten bis zum Kommandanten.

3. **Motto**
   Zusammenkommen ist ein Beginn
   Zusammenbleiben ein Fortschritt
   Zusammenarbeiten ein Erfolg

4. Unser Bataillon ist nur **so stark wie ihr schwächstes Glied**.

5. **Die Ausbildung**
   Eine schwierige Ausbildung ist wie ein Gummiband. Es kann lang (angespannt), aber auch kurz (entspannt) sein. Die Länge bleibt aber immer die gleiche!
   Nutzen wir deshalb unsere persönlichen, individuellen Fähigkeiten, versuchen autonom zu werden und gemeinsam zu arbeiten, um trotz allen auftretenden Schwierigkeiten das Problem anzugehen und so auch das Schwierige zu lösen.

Wir geben unser Bestes und engagieren uns, Lösungen zu finden und nicht, um Gründe zu suchen, die alles bekämpfen.
Wir sind immer bereit gemeinsam das Beste zu geben!

6. Meine Führungsphilosophie in 12 Punkten

6.1 der Führungsstil;
6.2 die Werte und Ethik;
6.3 die Ausbildung;
6.4 die Gleichheit;
6.5 die offene Tür-Politik;
6.6 der Dienstbetrieb;
6.7 die Umwelt;
6.8 die Kosten
6.9 die Belohnungen und die Strafen;
6.10 die Sicherheit;
6.11 die physische Schulung;
6.12 die Disziplin.

6.1 Der Führungsstil

Ich will meinen Führungsstil über alle Stufen hinweg festigen. Mit Disziplin, vorausschauender Planung und anschaulichen Beispielen zusammen ans Ziel kommen.

Eine motivierende und erfolgreiche Führung braucht Transparenz, Verständnis aber auch Härte. Deshalb erwarte ich auf allen Stufen, vom Soldaten über die Unteroffiziere bis zu den Offiziere: **VORBILD sein!**

Vorausdenken

Wir wollen nicht kurzfristig denken, sondern langfristig. Wir können unsere Aktivitäten planen, wir können frühzeitig Friktionen erkennen, wir wollen miteinander kommunizieren, wir denken immer in Varianten und wir bleiben flexibel.

Prioritäten

Nachdem wir vorausgedacht haben, geht es daran Prioritäten zu setzen, einen Zeitplan zu erstellen und mit Reserve den Auftrag zu erledigen.

Agieren

Agieren statt reagieren. Wir warten nicht bis das Problem eintritt, sondern wir agieren frühzeitig. Jeder wichtigere Schritt ist besprochen, bewertet und die Konsequenzen für den nächsten Schritt sind überdacht. Vorausdenken, priorisieren und agieren! So handle ich. Das gleiche erwarte ich von euch allen.

6.2 Die Werte und Ethik

Loyalität, Pflicht, Respekt, selbstloser Dienst, Ehre, Integrität und persönlicher Mut sind unsere unverzichtbare Werte. Diese Werte sollen uns und anderen Leuten gleichzeitig aufzeigen, wer wir sind und für was wir einstehen. Diese Gedanken sind Teile unsere Ethik.

6.3 Die Ausbildung, Planung und Führung
Ausbildung, Planung

Ausbildung zu planen heisst gezielt Inhalte neu einzuführen oder Wissen zu wiederholen, Standards festzulegen und aussergewöhnliche Situationen zu üben. Den Chefs sage ich: Warten sie nicht bis zum Schluss um zu kritisieren. Nehmen sie Einfluss. Agieren sie anstatt zu reagieren. Synchronisieren sie ihre Kader (Kaderausbildung), lassen sie dann die Truppe im Verband üben und dann kontrollieren sie die Resultate! Wir wollen uns im Verband trainieren in jeder möglichen oder unmöglichen Variante.

Führung

Führen ist eine tagtägliche Aktivität. Sie beginnt bei der Tagwache und endet mit dem Lichterlöschen. Jede Aktivität ist geführt. Jedes Fehlverhalten wird konsequent behandelt. Die Sicherheit aller Unterstellten ist unsere oberste Priorität. Darin müssen wir kompromisslos sein. Die Befehle sind zu erteilen, zu kontrollieren und wo nötig mit der angemessenen Härte und Konsequenz durchzusetzen.

6.4 Die Gleichheit

Alle AdA's werden im Rahmen des Auftrages ihre eigene Arbeit und ihren Beitrag zum Gesamtwohl der Einheit leisten und gleich behandelt.

6.5 Die offene Tür-Politik

Der Dienstweg ist zu respektieren.
Bei dringenden persönlichen Anliegen und Problemen haben Sie natürlich die Möglichkeit, direkt an die Chefs zu gelangen. Versuchen Sie

aber bereits vor der persönlichen Unterredung mit den Chefs, sich selbständig mögliche Lösungen/Alternativen betreffend Ihren Problemen zu überlegen. Jedes Problem hat eine angemessene Lösung.

6.6 Der Dienstbetrieb

Sie können die beste Ausbildung vorbereiten und die beste Ausbildung durchführen. Aber ohne gute Verpflegung, ohne einen gerechten, durchgemachten, strengen, klaren und konsequenten Dienstbetrieb werden sie nur Probleme kriegen. Als Kader müssen wir keine Angst haben auch in diesen Bereich klare Regeln festzulegen. Ich werde einem besonderen Akzent auf den Dienstbetrieb legen. Die vorgegebenen Zeiten müssen respektiert werden, die zuständigen Kader müssen sich konsequent durchsetzen

6.7 Die Umwelt

Die bestehenden Vorschriften und Regelungen werden wie im zivilen Leben eingehalten!
Alle Abfälle werden korrekt und wenn möglichst getrennt entsorgt. Abfälle, inklusive Zigarettenkippen werden nicht achtlos weggeworfen oder unüberlegt liegengelassen.
Wir versuchen Ökonom zu planen und zu handeln.

6.8 Kosten

Die Kostenkontrolle hat auch im Militär Einzug gehalten. Deshalb will ich versuchen alle unnötigen Kosten und die Verschwendung von Material zu vermeiden.
In diesen Bereichen erwarte ich eine Mittragende Sensibilität.
Unnötige Fahrten, Verschiebungen, Transporte wie auch übermässiger Materialverbrauch sind zu vermeiden

6.9 Die Belohnungen und die Strafen

Wenn trotz alle Bemühungen, und vorsorgliche Führungsgrundsätze, Leute gibt die Vernachlässig oder gegen die Vorschriften handeln, meine Kader sind Verpflichtet wieder Ordnung und Disziplin zu streben.

6.10 Die Sicherheit

Respektieren und beachten Sie die Regeln! Respektieren Sie sich und Ihre Mitmenschen!
Seien Sie immer kommunikativ und halten Sie sich für unseren Auftrag bereit.

Der Selbstschutz und die Sicherheitsvorschriften müssen einen hohen Stellenwert einnehmen. Denn: Sicherheit gehört allen!

6.11 Physische Schulung

Eine gute Gesundheit ist wichtig.

Deshalb trägt eine Effizienzschulung viel zu einer besseren Gesundheit, physisch wie psychisch, bei.

6.12 Die Disziplin

Eine wesentliche Komponente meines Führungsstils ist die Disziplin. Ich erwarte sowohl von mir, als auch von meinen Unterstellten, ein geordnetes und geregeltes Verhalten.

Disziplin schliesst flexibles Handeln und Vertrauen keineswegs aus. Ich stelle immer wieder fest, dass unsere Unterstellten, an die Chefs grosse Erwartungen haben. Sie verlangen einen klaren Führungsstil, Gleichbehandlung, Erfahrung und Kompetenz, aber auch eine gewisse Dosis Abenteuerlust.

Disziplin im WK bedingt, dass sowohl die Regeln als auch die Konsequenzen festgelegt und offen dargelegt sind. Regeln ohne Konsequenzen sind nutzlos. Es sind grundlegende Werte und Normen, die dabei vermittelt werden. Es geht nicht darum, das soldatische Know-how zu verbessern, sondern die Regeln des Zusammenlebens in einer hierarchischen Gruppe zu prägen. Als Chef muss ich meine Truppe formen, vorbereiten und führen.

Zum Schluss folgendes: Durch Disziplin will man die Selbstdisziplin fördern. Ein Chef, der das erreicht - und damit meine ich Führungskräfte aller Stufen - kann mit seinen Unterstellten hervorragende Arbeit leisten und hohe Ziele erreichen. Es ist unabdingbar, das Gelernte von Zeit zu Zeit wieder zu überprüfen, und wenn nötig, angemessene Konsequenzen folgen zu lassen.

7. Erwartungen an den Stab

Meine Stabsoffiziere sind meine linke und rechte Schulter. Sie sind meine Berater. Das Produkt muss immer im Sinn des Kommandanten gedacht und vorgeschlagen werden. Mit allen Produkten unterstützen wir die beiden Kompanien. Jedes Stabsmitglied hat eine feste Funktion und hält sich jederzeit bereit zusätzliche oder andere Funktionen zu übernehmen.

an die Kompanie Kommandanten

Von den Kompaniekommandanten verlange ich eine tadellose Ausbildungsplanung und einen glaubwürdigen Dienstbetrieb.

an die Offiziere und höhere Unteroffiziere

Von den Zugführern und höheren Kadern erwarte ich jederzeit die Sicherstellung der Disziplin und des Wohls der Truppe

an die Unteroffiziere

Von den Gruppenführern verlange ich das Mitdenken, dass sie ihre Gruppe zum Erfolg bringen und führen.

an die Soldaten

Von den Soldaten verlange ich Selbstdisziplin, Einhaltung der Regeln und ein Miteinander.

8. **Sun Tzu sagte**: „Wenn Sie den Feind kennen und sich kennen, müssen Sie das Ergebnis von hundert Kämpfen nicht fürchten. Wenn Sie aber denn Feind nicht kennen, der jeden Kampf gewann, werden Sie eine Niederlage erleiden".
   Denken Sie daran: Wir können gleichzeitig beides sein, der Freund und der Feind.

9. Nur so können wir **glaubwürdig** sein. Alle zusammen. **Vertrauen** kommt nicht von alleine. Glaubwürdig zu sein auch nicht. Vertrauen durch Glaubwürdigkeit zu gewinnen ist aber möglich. Es ist nicht immer einfach, aber es ist möglich. Viel Erfolg!

KOMMANDANT SPITALBATALLION 5

magg Alessandro Rappazzo

Anhang 3: Die VUCA-Welt

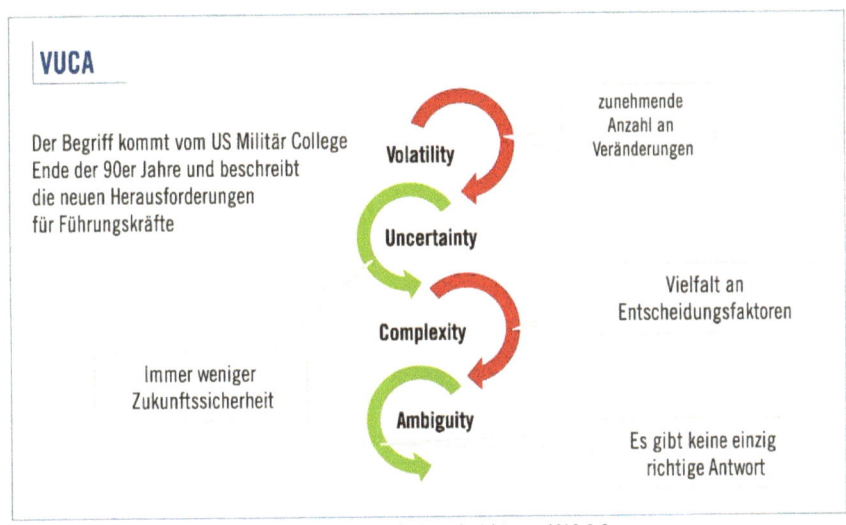

Bild 1: Führung Kompakt, Ausgabe 1 | Januar 2016, S. 3

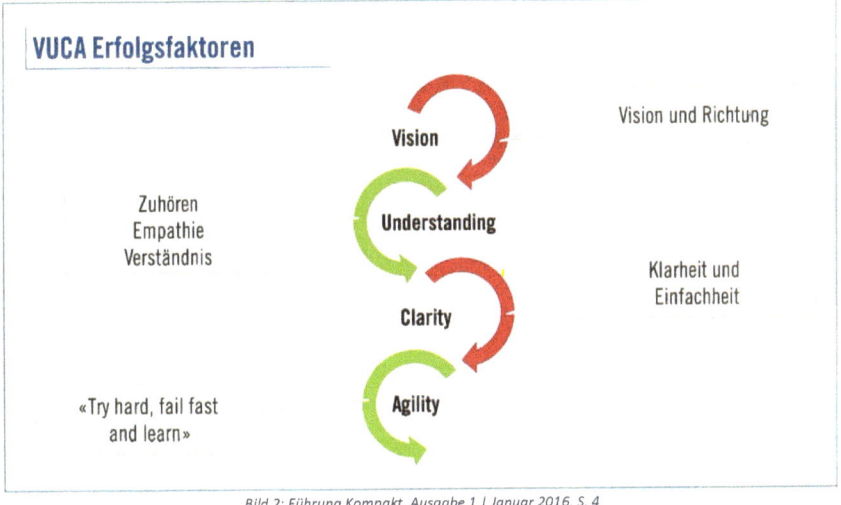

Bild 2: Führung Kompakt, Ausgabe 1 | Januar 2016, S. 4

Anhang 4: Beantwortung der Frage bezüglich des Bauchgefühls (NZZ)

Baby-Boomers 1946-1964 | 69J. – 51J. Gen X 1965-1980 | 50J. – 35J. Gen Y 1981-1995 | 34J. – 20J. Gen Z 1966-	Stand 28.12.2015 Erste Ausgabe: 23/24.08.2014 Letzte Ausgabe: 19/20.12.2015
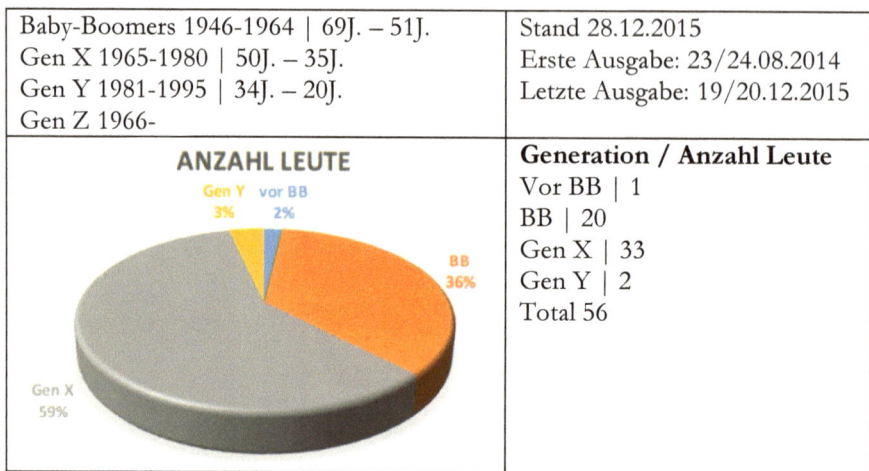	**Generation / Anzahl Leute** Vor BB | 1 BB | 20 Gen X | 33 Gen Y | 2 Total 56

1. Hat Sie Ihr Bauchgefühl[157] auch schon einmal getäuscht?

- rationale Entscheidungen (objektive Werte), wenn Unterschied zum Bauchgefühl besteht.
- eher für kleine Entscheidungen.
- Nein, aber leider habe ich nicht immer auf die innere Stimme gehört. Über die Zeit hat mich dies eingeholt.
- Nicht, wenn ich darauf gehört habe und ich mich nicht von der Ratio habe verwirren lassen.
- Wir versuchen, die „bauchigen" Komponenten im Team zu beurteilen. (Generation BB).
- bei wichtigen Entscheidungen Einbindung des Teams, um eigenes Bauchgefühl zu überprüfen (Generation X).
- Bauchgefühl, ohne das Problem zu kennen, ist gefährlich.
- Bauchgefühl ja, aber mit Diskussion.
  meiste Täuschung des Bauchgefühls war in Verbindung mit dem Personal.

---

[157] Fähigkeit des Gehirns, im Bruchteil einer Sekunde alles Wissen, das wir für eine Einschätzung brauchen, abzurufen

Ja: 10 | Nein: 15 | —: 2

Wiederkehrende „Begriffe"
- Erfahrung.
- Rationalität/Irrationalität = Bauchgefühlentscheid.
- Trennung Kopf-/Bauchgefühl nicht einfach.
- Personal ist ein heikles Thema (viele Enttäuschungen).
- Bauchgefühl durch MA bestätigen/überprüfen lassen.

2. Vertrauen Sie auf Ihr Bauchgefühl?
- aus Wissen, Erfahrung und situativer Entscheidung.
- Facts and Figures = Bauchgefühlsentscheid.
- Interessant ist ein Vertreter der Generation Y, der sagt, dass das Bauchgefühl wichtig sei, der Entscheid aber kollektiv im Team getroffen werden solle (15./16. August 2015).
- Bauchgefühl spielt bei jedem Menschen eine Rolle.
- bei Menschen ja, bei anderen Themen eher nein (Fakten/Berechnungen…).
- Überprüfung mit dem Kopf.

Ja: 23 | Nein: 1 | —: 4

Wiederkehrende „Begriffe"
- wichtigste Entscheidungsmethode.
- innere Stimme.
- Intuition und Empathie.
- Erfahrung und Rationalität müssen aber im Rucksack sein.
- Personalentscheidungen.

Anhang 5: Werbung-Marketing LVb FU 30

« Der Austausch
von militärischem
und zivilem Wissen
macht Sinn. »

Samuel Berner, 44
Personalchef eines Finanzinstituts
Oberleutnant z Zug 1 Stab Lvb FU 30

« Der Küchenchef-Lehr-
gang hat mir geholfen,
mich zu organisieren und
Durchhaltevermögen zu
zeigen. »

Nicolas Kasper, 21
Koch
Wachtmeister, Küchenchef Lvb FU30

Anhang 6: Der Zusammenstoss der Generationen

(Klassifikatorische Merkmale der vier Generationen)

	Baby Boomer	Generation X	Generation Y	Generation Z
Generation C		Connection, Community, Creation and Curation		
Alternative Namen	Generation Jones	Generation Me	Millennials	Homeland
Geboren	1950	1965	1980	1995
Grundhaltung	Idealismus	Skeptizismus	Optimismus	Realismus
Hauptmerkmal	Selbsterfüllung	Perspektivenlosigkeit	Leistungsbereitschaft	Flatterhaftigkeit
Rolle	Kollektivismus	Individualismus	Kollektivismus	Individualismus
Bezug	global	lokal	global	lokal
Gruppengefühl	Gesellschaft	Gemeinschaft	Gesellschaft	Gemeinschaft
Aktivitätsniveau beruflich	hoch	niedrig	hoch	mittel
Aktivitätsniveau privat	niedrig	mittel	niedrig	hoch
Informiertheit	mittel	wenig	mittel	stark
Qualifikation	für das Unternehmen lernen	wenig lernen	bezahltes Lernen	für sich lernen
Ausrichtung	Beruf	Privates (trotz Beruf)	Beruf, verbunden mit Privatem	Privates (vom Beruf getrennt)
Freizeit	relativ niedrig	mittel *	relativ hoch *	hoch
Extrinsische Anreize	relativ niedrig	relativ hoch **	mittel *	hoch
Intrinsische Anreize	relativ hoch	mittel	relativ niedrig *	niedrig
Altruistische Motive	relativ hoch	mittel	relativ niedrig	niedrig
Soziale Motive	relativ hoch	mittel	relativ niedrig *	niedrig
Präsidenten	Kennedy / Brandt	Reagan / Schmidt	Clinton / Kohl	Obama / Merkel
Musiker	Woodstock / Peter Kraus	Nirvana / Die Toten Hosen	Red Hot Chili Peppers / Die fantastischen Vier	Miley Cyrus / Conchita Wurst
Damenbekleidung	Minirock	Hot Pants	Leggings	Normcore
Filme	Easy Rider / Zur Sache Schätzchen	Reality Bites / Angst essen Seele auf	500 Days of Summer / Lola rennt	Tribute von Panem / Fack Ju Göhte

(*) = signifikante Unterschiede | (**) hoch signifikante Unterschiede (Gen Z, S. 36).

Quelle:

- Über BB, X, Y, Z: Scholz, Generation Z, S. 33-38
- Über C Gen: thinkwithgoogle.com, Meet Gen C: The YouTube Generation.

Anhang 7: Liste Konsequenzen / Handlungsrichtlinien

Liste Konsequenzen / Handlungsrichtlinien

		Wer	Wann
		Alessandro Rappazzo	14.06.2016

Faktor	Produkt	Beschreibung mit Begründung	Faktor	Produkte	
Umwelt	Schlüsselbereich	Pyramide der Bedürfnisse (Abbildung 4)	Eigene Möglichkeiten	Schlüsselproduckte	Strategie-Board
	Strategieplanung	Die Pyramide ist wie ein Kompass die uns Abweichungen zeigen kann.		Schlüsselperson	Kommandant

Nr	Konsequenzen	HRL	ER	UP	EK	EF	AL
1	(1.2.2): Benötigte Führungskräfte (Zukunft) um effektiver und effizienter zu sein	X			X		
2	(1.2.2): Beitrag ein zielführendes Leadership	X			X		
3	(1.2.2): Nachhaltigkeit (welche) der Leadership	X			X		
4	(1.2.2): Veränderung (welche) in der Führung und in der Ausbildung	X			X		
5	(1.2.2):Mehrwert Militär für die zivile Führung	X			X		
6	(2.1.5.1): Die Abbildung 2-2 dient als Basis für ein gemeinsames Verständnis des Begriff Leadership			X			
7	(2.1.5.1): Das Modell (Abb. 2-2) bietet die Grundlage für das weitere Vorgehen bezüglich der Umweltanalyse		X				
8	(2.2.4.1) Leadership als Bestandteil des Führungsprozesses der Log Br 1 (Kenntnisse des Menschenbilds, kontinuierliche Wertereflexion, Soft-Skill-Pflege, mehr Gewicht auf Nachbearbeitungsprozess)	X		X		X	
9	(2.2.4.1) Personelles: Personalplanung /-gewinnung /-bindung Die Bedeutung des Humankapitals sollte vermehrt berücksichtigt werden und die Bindung des künftigen Kaders bereits beim Eintritt in der Logistikbrigade beginnen	X		X		X	
10	(2.2.4.1) Ausbildung: Anpassung der Ausbildungsschwerpunkte Das jährliche Training sollte die Elemente der VUCA-Welt sowie deren Abhängigkeiten stetig berücksichtigen. Das gilt für alle Stäbe, auch für den Stab der Log Br 1. Leadership soll ebenfalls zum Ausbildungsthema werden	X		X		X	
11	(2.2.4.1) Prozesse Die Konsequenzen der tendenziell „flachen-Hierarchie" (aufgrund der Technologie und VUCA-Faktoren) sollten neu geprüft werden, um damit auch die Resilienz bzw. Antifragilität zu stärken und das Mikromanagement zu vermeiden (Auftragstaktik). Weiter sollte der Wissens- bzw. Know-how-Erhalt geprüft werden. Die Soft Skills sollen künftig eine wesentliche Rolle bei der Bereitschaft haben	X		X		X	
12	(2.2.4.1) Beurteilung der Lage Die Vielfältigkeit des Geländes, das Einsatzspektrum und der Auftrag zwingen dazu, Neuland zu betreten			X			

Nr	Konsequenzen	HRL	ER	UP	EK	EF	AL
	und ein schnelleres Vorgehen, zu identifizieren. Die Zusammenarbeit mit ziviler/militärischen Partnern, die Urbanisierung sowie die zu leistenden Aufträge (PQQZD) sollten zu einer schnelleren, effizienteren und effektiveren Analyse führen						
13	[2.2.4.1] Digitale Strategie Es ist eine Kommunikation zu entwickeln, in der eine neue Digital-Strategie nicht als separates Gebiet zu betrachten ist. Weiter geht es darum, in der Krisenkommunikation rascher und wirksamer zu reagieren			x			x
14	[2.2.4.1] Umgang mit Veränderung Zukünftig sollen die möglichen Themen, zu Arbeiten im militärischen Umfeld, aus der der Strategie Entwicklung und der zukunftsgerichteten Beurteilung der Lage abgeleitet werden, um rechtzeitig den Veränderungen Rechnung tragen zu können. (Gründung einer Strategie-Board)					x	x
15	[2.3.1.2] Im Rahmen der Strategie oder der Problemlösung (von Grad und Funktion unabhängig) ist eine Think-Tank-Gruppe situativ vorzusehen			x			
16	[2.3.1.3] Innerhalb des Brigadestabs ist das Modell Home-Office für ausgewählte Funktionen zu prüfen			x			
17	[2.3.1.3] Die Aktualisierung und aktuellen Produkte und Dokumentenvorlagen sollen jedem Stabsoffizier auch ausserhalb des Dienstes permanent zur Verfügung stehen (prüfen)			x			x
18	[2.3.1.3] Der Trend des Distanz-Learnings an der HKA ist als möglicher Stossgedanke weiterzugeben (Alternative)						x
19	[2.3.1.3] Distanz-Learning und Home-Office sollen als mögliche wachsende Trends aufgenommen werden (langfristige Planung)			x			x
20	[2.3.1.4] Die erwarteten Führungsmerkmale sind jährlich zu thematisieren (TK, SK...)			x			
21	[2.3.1.4] Die Aspekte der Führung ab Truppenkörper sollten an Bedeutung gewinnen. Die weichen Faktoren sollten auch in der Ausbildung des höheren Kaders einen festen Platz einnehmen (Alternativen, HKA)			x			x
22	[2.3.1.4] Es geht darum, die Thematik der Auftragstaktik jährlich zu behandeln, und zwar mit dem Ziel, die negativen Aspekte des Mikromanagements zu vermeiden. Die Schulungsziele gewinnen somit an Relevanz und sollen künftig klar die Stärke bzw. die Schwäche eines Verbands aufzeigen					x	
23	[2.3.1.4] Die Führungsebene der Logistikbrigade (Kdt, Stv, SC, USC, Bat Kdt) ist für die Sinnvermittlung verantwortlich (das Warum), soll diese Methodik beherrschen und konsequenterweise in jeder Angelegenheit anwenden			x			
24	[2.3.1.5] Das Bedürfnis der Flexibilisierung des Generalstabsoffizier-Modells und eine Aufwertung der Fach- bzw. Führungskarriere ist für die ferne Zukunft zu prüfen (Alternativen)						x
25	[2.3.1.5] Zu prüfen ist, ob die MKA (Management- Information- und Kommunikationsausbildung) oder das Zentrum für die Führungsausbildung die Refresh-Kurse im Angebot aufnehmen könnte (Alternativen, HKA)						x
26	[2.3.1.5] Ein Mitfinanzierungsprogramm (Teilnahme EMBA-Programm), begleitet durch ein entsprechendes Konzept (Einbindung im Think-Tank-System), soll gefördert werden (Alternative, Ausbildungskommando)						x

Nr	Konsequenzen	HRL	ER	UP	EK	EF	AL
27	(2.3.1.5) Ein modulares „ETCS"-Konzept soll geprüft werden (Alternative Ausbildungskommando)						x
28	(2.3.1.6) Die Möglichkeit ein solches Konzept[1] in der Armee einzuführen, ist zu prüfen (Alternativen, HKA-MilAk)						x
29	(2.3.1.6) Im Bereich Sinnvermittlung ist ein Konzept für die Differenzierung (bezüglich Mehrwert ziv. Ausbildung) zu erarbeiten (Varianten, Log Br 1, Konzept und Ausbildungskommando)			x			x
30	(2.3.1.6) Es ist zu prüfen, ob ein Coach-Konzept (durch mil) möglich wäre (Alternativen, HKA-MilAk)						x
31	(2.3.2.2) Ob der G7 künftig im Kommando der Log Br 1 eine Berufsstelle mit gleichzeitiger Ausübung der Milizfunktion werden soll (Dauer Berufsjob = Milizfunktion), ist zu prüfen (Alternativen, Vorschlag vorgesetzte Kommandostelle)						x
32	(2.3.2.2) Zur Steigerung der Effektivität und Sinnvermittlung soll der Austausch der Funktion SC (als Milizfunktion) mit Stv Kdt als Berufsfunktion geprüft werden (Alternative, Vorschlag vorgesetzte Kommandostelle). Weiter sollen alle nicht notwendige bürokratischen Standardaufgaben dem Kdo Log Br Büro abgegeben werden						x
33	(2.3.2.2) Soft Skills sollen einen wichtigeren Platz innerhalb der Ausbildung finden (Varianten)	x					
34	(2.3.2.2) Im Bereich Kommunikation soll eine neue, offizielle Funktion als Social-Media-Offizier geschaffen werden (Alternative, Vorschlag vorgesetzte Kommandostelle)	x					x
35	(2.4) These 1: Die Leistung kann durch ein starkes Leadership erhöht werden. Die Sinnvermittlung kann dabei ein zentrales Erfolgselement sein	x				x	
36	(2.4) These 2: Durch eine erfolgreiche Sinnvermittlung kann die Bereitschaft der Einzelnen sowohl im privaten als auch im militärischen Bereich erhöht werden	x				x	
37	(2.4) These 3: Die Eigenschaften der Menschengenerationen sollen jedem Verantwortlichen klar sein. Obwohl sich die Menschen schlecht in Generationen einbinden lassen, geben einzelne Verhaltensmuster die Möglichkeit, unser Gegenüber besser zu verstehen	x				x	
38	(2.4) These 4: Die rasche technologische Entwicklung wird auf das Leadership grossen Druck ausüben. Obwohl die Auftragstaktik ein zentrales Element bleiben muss, ist durch die Vernetzung und die Notwendigkeit, rasch zu handeln, eine Koexistenz mit einer Befehlstaktik nicht auszuschliessen. Es gilt trotzdem, ein Micromanagement (negative Auffassung) zu verhindern	x				x	
39	(2.4) These 5: Das Militär ist für eine VUCA-Welt gerüstet. Verantwortliche müssen ihre Unterstellten intensiv darin schulen. Um erfolgreich zu sein, muss man zwischen VUCA-/ und SSEE Welt arbeiten können	x				x	
40	(2.4) These 6: Diese These wird bereits mit der These 4 beantwortet. Zusätzlich ist wird es noch wichtiger, eine gesunde Kritik- und Fehlerkultur zu fördern und zu pflegen	x				x	

[1] Gemäss persönlichen und informellen Gespräch (29.04.2016) mit Dr. Hubert Annen, Dozent Militärpsychologie und -pädagogik, Militärakademie an der ETH Zürich, wäre eine Option, dass die MilAk in der Entwicklung oder Begleitung mitmachen könnte.

Nr	Konsequenzen	HRL	ER	UP	EK	EF	AL
41	(3.1.7) Erarbeitung einer Logistikbrigade-Unternehmenskultur-Strategie						
42	(3.1.7) Integration der *Soft Skills* (und Nachbearbeitungsprozess) in die Ausbildung der Logistigbrigade (Variante)		×				
43	(3.1.7) Bessere Ausbildung in Bezug auf die *Soft Skills* an der Zentralschule (Alternative)						×
44	(3.1.7) Erarbeitung (Siehe Beispiel² in Anhang 14) einer Leader-Entwicklungsbroschüre durch die Zentralschule, Führungsausbildung der unteren Milizkader (Alternative)						×
45	(3.1.7) Überprüfung der bestehenden Prozesse mit dem Ziel, die Bürokratie zu reduzieren (Variante, ev. Alternative)			×			
46	(3.1.7) Erstellung einer nachhaltigen Unternehmens- bzw. Kommunikationsstrategie (Variante)			×			
47	(3.1.7) Schulung der Stabsarbeit, Vollruppenübungen, Stabsrahmenübungen sollten in einer sich ergänzenden Taxonomie vorgegeben werden, "file-rouge" für Stab und Truppe (Anhang 15)			×			
48	(3.1.7) Pyramide als Kompass der Strategie einbeziehen			×			
49	(5) Schaffung ein Strategie-Board (Einbettung in der 5-Zeitdimension-Konzept)			×			
50	(5.2.2) Nachwuchs-Konzept, prüfen, Langfristigkeit, Diversität, Leadership Eigenschaften			×			
51	(5.2.3) Festlegung der Messparameter der Leadership-Bedürfnis-Pyramide, und Integration im Cockpit (Bereitschaft) der Log Br 1 (FGG 5)			×			
52	(4.2.2) Kampfkraftgenerieren als Mission aufnehmen (Vorschlag an Kdt)			×			
53	(5.2.4) ein ergänzendes NBP-System zu etablieren, um die Konsolidierung der verschiedenen Informationen bezüglich IST-Situation vorsehen (FGG 5)			×			

HRL: *Handlungsrichtlinien (für jede Variante berücksichtigen)*
ER: *Entschlussrelevant (in Varianten berücksichtigen)*
UP: *Umsetzungsplanrelevant (im Umsetzungsplan berücksichtigen)*

EK: *Entscheid Kriterien (Elementen für die Bewertungsmatrix)*
EF: *Erfolgsfaktoren (Messpunkte für das Controlling)*
AL: *Alternativen (berücksichtigen)*

² U.S. Army, «Leader Development Improvement Guide» (Center for Army Leadership, November 2012), https://msaf.army.mil.

Anhang 8: Führungsmerkmale / -eigenschaften

Selbstdisziplin, Zielorientiertheit, Verantwortlichkeit, Wissen, Kooperationsbereitschaft, positives Beispiel.

hören, entscheiden, befchlen, kontrollieren, persönliches Beispiel.

Führen durch Glaubwürdigkeit, transparent, bestimmt und kommunikativ führen, Denken im Zusammenhang, Verantwortungsbewusstsein, Bereitschaft für Veränderung und offen sein für Neues.

Umiltà e obbedienza (che significa anche ascoltare). Silenzio. Lealtà. Comunicare. Ruolo dell'esperienza. Lectio divina (apprendimento continuo). Creare una chiara regola (z.B. Führungsphilosophie – Anhang 2). Cultura dell'errore.

Präsenz, Selbstkontrolle, Vernetzung, Deeskalation, Wiedergutmachung, Transparenz, Beharrlichkeit.

[158] Donald G. Krause, *Die Kunst des Krieges für Führungskräfte: Sun Tzus alte Weisheiten - aufbereitet für die heutige Geschäftswelt*, Redline Wirtschaft bei Verlag Moderne Industrie (München: Verl. Moderne Industrie, 2002).

[159] Paul Ritschard, *Führung im Gefecht und taktische Lehrmethoden* (Frauenfeld: Huber Verlag, 1989).

[160] Helmut Maucher, *Management-Brevier: ein Leitfaden für unternehmerischen Erfolg* (Frankfurt, M.: Campus-Verl, 2007).

[161] Paolo G. Bianchi, *Ora et Labora. La regola Benedettina applicata alla strategia d'impresa e al lavoro manageriale* (Milano: Xenia Edizioni, 2006).

[162] Quentin R Skrabec, *La regola di san Benedetto per il successo negli affari* (Roma: Hermes Edizione, 2007).

[163] Frank Baumann-Habersack, *Mit neuer Autorität in Führung: warum wir heute präsenter, beharrlicher und vernetzter führen müssen* (Wiesbaden: Springer Gabler, 2015).

Good common sense, have studied your profession, physically strong, cheerful and optimistic, display marked energy, extreme loyalty, determined.

Vermeiden von Führungsfehlern: vorausschauend führen, die Planung der Führung unterordnen, den Überblick nicht verlieren, sich entlasten können (Delegation), Einfluss nehmen, Spielraum lassen (Auftragstaktik), unvoreingenommen entscheiden, klare Verhältnisse schaffen (Einfachheit der Organisation / Pflichtenhefte), flexibel bleiben, transparent führen.

planen, entscheiden, führen, Sachverstand, Leidenschaft, Einfachheit, Reduktion der Komplexität, Muster erkennen, Rolle der Erfahrung, gute Kommunikation.

Kommunikation beherrschen.

[164] Thomas E. Ricks, *The generals: American military command from World War II to today*, Oktober 2012 (New York: Penguin Press, 2012).

[165] Ausbildungschef der Armee, «Gedanken zur Führung. Broschüre für Schulkommandanten und Instruktoren» (Schweizer Armee, Oktober 1981).

[166] Benedikt Weibel, *Simplicity - die Kunst, die Komplexität zu reduzieren* (Zürich: Verl. Neue Zürcher Zeitung, 2014).

[167] Beatrice Müller, *Gut gebrüllt Löwe! Auftreten, überzeugen - sich durchsetzen* (Zürich: Orell Füssli & Co, 2015).

Anhang 9: Führungsprinzipien

Fragestellung:

Welches sind für mich die fünf wichtigsten Führungsprinzipien, die Maucher (Helmut Maucher, *Management-Brevier: ein Leitfaden für unternehmerischen Erfolg* (Frankfurt, M.: Campus-Verl, 2007)) auf den Seiten 181 bis 192 aufgestellt hat?

Aus der Sicht einer Führungskraft möchte ich zuerst Mauchers folgende Gedanken betonen:

* Die Auswahl der richtigen Führungskräfte ist wichtiger als ständige Schulung (S.190).
* Vergiss trotz aller kurzfristiger Pressures nie die langfristigen Aspekte und die langfristige Entwicklung des Unternehmens (S. 191).
* Ständige Innovation auf allen Gebieten ist wichtig. Vergiss aber die vielen Möglichkeiten der Renovation nicht (S. 191).
* Führungseigenschaft: Sei immer glaubwürdig und stelle sicher, dass deine Taten mit deinen Worten übereinstimmen (S. 191);
* Das Selbstzweck „Nestlé" richtet sich mehr auf Menschen und Produkte aus als auf Systeme. Systeme sind notwendig und nützlich, dürfen aber niemals zum Selbstzweck werden (Maucher, S. 181). Das heisst: Alle Mitarbeiter und Führungskräfte haben eine Leistung zu Gunsten einer Firma oder einer Organisation zu erbringen. Wir dienen einer Organisation. Unser Dasein verfolgt einen klaren Zweck. Die Organisation will eine bestimmte Leistung von uns.
* Verständnis für andere Kulturen (S. 184)

Die für mich wichtigsten Führungsprinzipien:

1. Führen durch Glaubwürdigkeit (S. 184)
2. transparent, bestimmt und kommunikativ führen (S. 184)
3. Denken in Zusammenhängen (S. 184)
4. Verantwortungsbewusstsein (S. 182ff)
5. bereit für Veränderung und offen für Neues sein

Begründung anhand der fünf Tugenden eines Chefs (Text aus meinem Buch „Denkfabrik der Führung"):

Die wandelnden Tugenden eines Chefs

Im heutigen Kontext (bezogen auf mich, mein berufliches Umfeld sowie die kulturelle und gesellschaftliche Lage der Schweiz) versuche ich, die Summe meines Leaderships in fünf Hauptpunkte zu unterteilen (in alphabetischer Ordnung):

1. agieren statt reagieren
2. authentisch sein
3. Beispiel sein
4. glauben
5. Verantwortung tragen

Früher unbewusst, heute aber immer bewusster, verfolge ich die Vision, mich permanent infrage zu stellen und Fehler zu machen, um kontinuierliche Fortschritte zu erlangen. Ich tue das mit der Absicht, jeden Tag besser zu werden. Obwohl die fünf genannten Faktoren selbsterklärend sind, scheint es mir wichtig, ein paar Erläuterungen hinzuzufügen. Diese Gedanken sind auch im kommenden Kapitel zu finden.

Agieren statt Reagieren

Das *Agieren statt Reagieren* ist als theoretischer Ansatz einfach zu verstehen. Zu agieren anstatt zu reagieren, klingt auch sexy und logisch. In der Tat ist es leider nicht so. Es muss unser stetiges Bestreben sein, die Zukunft zu antizipieren. Ich meine nicht, in einer hyperventilierenden Form. Nein, ich meine, mit dem Prinzip des aktiven Denkens. Es gibt Situationen, in denen ich genau weiss, was auf mich zukommt. Voilà! Es handelt sich darum, die nötigen Schritte einzuleiten und nicht in Stress zu gelangen. Weiter geht es darum, die langfristige Planung gut zu verstehen, um allfällige resp. kommende Überraschungen zu vermeiden und damit die Flexibilität des Denkens und Handelns zu erhöhen (oder zu bewahren). Zu agieren anstatt zu reagieren, ist somit auch mein persönliches Leitbild. Im Militär können wir auf einen Grundsatz bauen, der lautet, Angriff sei die beste Verteidigung. Chefs, die zu lange warten und nicht über den Tellerrand blicken, sind für Misserfolge prädestiniert, und zwar mit Sicherheit.

Authentisch sein

Ich bin, was ich bin. So verkaufe ich mich. Vor Leuten zu stehen und etwas zu erzählen, das ich nicht selber glaube oder kenne, versetzt mich ehrlicherweise in eine unangenehme Situation. Auf der anderen Seite bedeutet die Ungewissheit, sich nicht vor der Verantwortung zu drücken. Ein Gegenmittel, um diese Situation erfolgreich zu bestehen, ist, dabei authentisch zu bleiben (oder zu sein). Ich würde folglich nicht über den Einsatz (z.B. auf echten Kriegsschauplätzen) reden, wenn ich überhaupt nie im Einsatz war.

Zurück zu „Ich bin, was ich bin": Ich versuche, meinem Führungsstil treu zu bleiben. Authentizität und Empathie sind hervorragende Verhaltensformen der wirksamen Führung. Authentisch zu sein, ist sehr schwierig, wenn wir als Vorgesetzte oder Mitarbeiter in einer Kultur der Null-Fehler-Quote oder der Besserwisser leben.

Beispiel sein

Was ich von anderen verlange, muss ich auch selber können. Was ich will, ist nicht immer das, was die Leute können. Ein gutes Beispiel zu sein, ist auch die Fähigkeit, meine Stärken und meine Schwächen zeigen zu können. Ein gutes Beispiel zu sein, ist die Fähigkeit, offen für Veränderungen zu sein sowie andere Meinungen anzuhören und akzeptieren zu können. Als Führungskraft muss ich in der Lage sein, mein Personal zu motivieren und meine Absichten oder Befehle durchzusetzen. Ein gutes Beispiel zu sein, bedeutet auch, Personal zu fordern und ihm die beste Möglichkeit zu bieten, sich weiterzuentwickeln. Ein gutes Beispiel zu sein, heisst zudem, auch die Besten gehen zu lassen.

Glauben

Am besten ist es, an das, was wir machen, zu glauben! Es wäre für alle leichter; sei es für den Vorgesetzten, sei es für die Unterstellten. Leider ist es nicht so. Nichtsdestotrotz ist es auf der Chef-Etage zwingend, diese Thematik zu reflektieren. Unsere Unterstellten erwarten von uns eigene Erwartungen! Eine davon ist, dass das, was wir ihnen sagen, auch in uns fest verankert ist. An etwas zu glauben, ist nicht mit Blindheit zu verwechseln. Ich kann an eine Situation glauben, obwohl eher kritische oder teilweise fragwürdige Ereignisse erfolgen können. Glauben ist schlussendlich auch mit dem Herzen tief verbunden. Glauben bewegt, und gerade die Führungskräfte müssen bewegen.

Verantwortung

Der Chef ist für vieles verantwortlich, jedoch nicht für alles. Verantwortung zu übernehmen, heisst auch, Kompetenzen geschickt zu delegieren. Mitarbeiter eng zu führen, heisst nicht, in den negativen Teil des Mikromanagements (Alessandro Rappazzo, «Mikromanagement: Ein verhängnisvoller Trend für erfolgreiche Führung», *ASMZ (Allgemeine Schweizerische Militärzeitschrift)*, Mai 2015, 48–49) zu gehen. Jeder, aber auch wirklich jeder, ist für den eigenen Bereich verantwortlich, vom Top-Manager bis zum Mitarbeiter. Ohne Vertrauen wird es früher oder später zu Konflikten oder Problemen kommen. Es ist Aufgabe der Chefs, bei jedem Vertrauen zu schaffen. Mit Vertrauen verantworten wir auch die Mitarbeiter und die Chefs können sich mehr auf ihre Kernaufgaben konzentrieren. Ergänzend ist die Glaubwürdigkeit eine sehr wichtige Führungseigenschaft. Vertrauen müssen wir uns einerseits verdienen, andererseits auch anderen entgegenbringen. Wir müssen uns als Führungskraft auf unsere Ressourcen verlassen. Verantwortung auszuüben, ist komplex und nicht immer einfach. Ohne Vertrauen und ohne richtige Delegation ist Führung unmöglich.

Anhang 10: Resultate Fragebogen

Bei Bedarf kann man beim Autor die Ergebnisse der Auswertung beantragen: ar1967ch@gmail.com
Bitte Grund, Name/Vorname und Verwendungszweck erwähnen.

Sehr geehrte Offiziere und höhere Unteroffiziere unserer Milizarmee,

Dieser Fragebogen ist ein Teil meiner Master-Thesis mit dem Titel „Modernes Leadership der Armee", die ich an der HTW Chur in Rahmen meines EMBA schreibe. Unter dem Aspekt eines modernen Leaderships in der Schweizer Armee möchte ich die Grundlage schaffen, um die nächsten Generationen von Leadern einerseits lagebezogen auszubilden, andererseits mögliche Leader aus der Wirtschaft zu gewinnen.

Mit diesem Fragebogen, der stark auf die Zukunft gerichtet ist, möchte ich Sie ermuntern, mir hierzu Ihre Gedanken bzw. Ihre Meinung mitzuteilen. Mein Ziel ist es, die Charakteristik des künftigen Leaderships zu erkennen. Weiter geht es darum, festzustellen, wie die Armee erfolgreiche Leader aus der Wirtschaft gewinnen kann und ob die Wirtschaft bereit ist, die besten Leader der Armee zur Verfügung zu stellen.

Das Forschungskonzept ist zukunftsorientiert. Es geht nicht um die Beantwortung von Fragen über das, was Sie erlebt haben, sondern darum, was Sie im Rahmen Ihrer militärischen Ausbildung bzw. Ihres Einsatzes sehen möchten. Der Fragebogen wird kritische Aspekte aufzeigen. Bedenken Sie jedoch, dass uns alles, was wir nicht kennen, Angst macht. Denken Sie nicht nur an Ihre, sondern auch an die Bedürfnisse der künftigen Leader- Generation. Somit stellen die meisten Fragen Annahmen und Hypothesen dar. Besser ausgedrückt: Ich fordere Sie auf, diese Thematik mit einer neuen Brille anzugehen. Tragen Sie bitte die Brille der Veränderung mit Offenheit und Neugierde. Unter dem Aspekt der globalen Veränderungen werden die kommenden Führungsgenerationen anders sein als wir.

Bitte nehmen Sie sich ungefähr 20 Minuten Zeit und füllen Sie den folgenden Fragebogen bis zum 30.04.2016 aus. Selbstverständlich bleiben Sie dabei völlig anonym. „Die Aussagen im Fragebogen werden VERTRAULICH behandelt" in meiner Masterarbeit erscheinen keine Namen.

Vielen Dank für Ihre Beteiligung. Zusammen sind wir stark. Ihre Meinung zählt. Grazie! Alessandro Rappazzo

Anhang 11: Interne Befragung Kdo FLG II / SLG I (Jahre 2014 - 2015)

2014

Feedback FLG II (2) / SLG I (2)-1   31.03.2014-11.04.2014

	1	2	3	4	5	6	7	8	9	10	Nennungen	Wert
4.1 Wie beurteilen Sie den militärischen Nutzen für die zukünftige Funktion?	0	0	1	0	1	1	7	10	14	7	41	8.3
4.2 Wie beurteilen Sie den zivilen/beruflichen Nutzen für Ihre beurfliche Funktion? (nur von Miliz-Of/-Uof auszufüllen)	0	0	0	0	1	3	6	14	3	2	29	7.7

Feedback FLG II (2) / SLG I (2)-2   07.07.2014-18.07.2014

	1	2	3	4	5	6	7	8	9	10	Nennungen	Wert
4.1 Wie beurteilen Sie den militärischen Nutzen für die zukünftige Funktion?	0	0	0	0	1	2	2	14	13	3	35	8.3
4.2 Wie beurteilen Sie den zivilen/beruflichen Nutzen für Ihre beurfliche Funktion? (nur von Miliz-Of/-Uof auszufüllen)	0	0	1	1	1	2	6	13	8	2	34	7.7

Feedback FLG II (2) / SLG I (2)-3   01.12.2014 - 12.12.2014

	1	2	3	4	5	6	7	8	9	10	Nennungen	Wert
4.1 Wie beurteilen Sie den militärischen Nutzen für die zukünftige Funktion?	0	0	0	1	2	3	9	22	29	10	76	8.3
4.2 Wie beurteilen Sie den zivilen/beruflichen Nutzen für Ihre beurfliche Funktion? (nur von Miliz-Of/-Uof auszufüllen)	0	0	0	0	2	2	10	19	19	3	55	8.1

Feedback SLG I (1)-1   10.03.2014-21.03.2014

	1	2	3	4	5	6	7	8	9	10	Nennungen	Wert
4.1 Wie beurteilen Sie den militärischen Nutzen für die zukünftige Funktion?	0	0	0	1	5	2	8	18	20	6	60	8.0
4.2 Wie beurteilen Sie den zivilen/beruflichen Nutzen für Ihre beurfliche Funktion? (nur von Miliz-Of/-Uof auszufüllen)	0	0	0	1	3	6	9	29	12	3	63	7.7

Feedback SLG I (1)-2   16.06.2014-27.06.2014

	1	2	3	4	5	6	7	8	9	10	Nennungen	Wert
4.1 Wie beurteilen Sie den militärischen Nutzen für die zukünftige Funktion?	0	0	2	0	0	4	11	35	24	7	83	8.1
4.2 Wie beurteilen Sie den zivilen/beruflichen Nutzen für Ihre beurfliche Funktion? (nur von Miliz-Of/-Uof auszufüllen)	1	1	2	3	5	10	12	29	17	2	82	7.3

Feedback SLG I (1)-3   18.08.2014-29.08.2014

	1	2	3	4	5	6	7	8	9	10	Nennungen	Wert
4.1 Wie beurteilen Sie den militärischen Nutzen für die zukünftige Funktion?	0	2	3	2	2	6	9	34	20	8	86	7.7
4.2 Wie beurteilen Sie den zivilen/beruflichen Nutzen für Ihre beurfliche Funktion? (nur von Miliz-Of/-Uof auszufüllen)	1	1	0	0	1	10	23	25	15	6	82	7.6

2015

Feedback FLG II (2) / SLG I (2)-1   13.04.2015-24.04.2015

	1	2	3	4	5	6	7	8	9	10	Nennungen	Wert
4.1 Wie beurteilen Sie den militärischen Nutzen für die zukünftige Funktion?	0	0	0	2	1	2	2	10	12	1	30	7.9
4.2 Wie beurteilen Sie den zivilen/beruflichen Nutzen für Ihre beurfliche Funktion? (nur von Miliz-Of/-Uof auszufüllen)	0	1	0	0	1	2	3	6	11	1	25	7.9

Feedback FLG II (2) / SLG I (2)-2   29.06.2015-10.07.2015

	1	2	3	4	5	6	7	8	9	10	Nennungen	Wert
4.1 Wie beurteilen Sie den militärischen Nutzen für die zukünftige Funktion?	0	0	0	0	1	0	2	13	13	2	31	8.4
4.2 Wie beurteilen Sie den zivilen/beruflichen Nutzen für Ihre beurfliche Funktion? (nur von Miliz-Of/-Uof auszufüllen)	0	0	0	0	0	3	5	16	6	1	31	7.9

Feedback FLG II (2) / SLG I (2)-3   30.11.2015-11.12.2015

	1	2	3	4	5	6	7	8	9	10	Nennungen	Wert
4.1 Wie beurteilen Sie den militärischen Nutzen für die zukünftige Funktion?	0	0	3	1	1	8	5	19	28	11	76	8.1
4.2 Wie beurteilen Sie den zivilen/beruflichen Nutzen für Ihre beurfliche Funktion? (nur von Miliz-Of/-Uof auszufüllen)	0	3	3	1	3	5	0	25	15	5	60	7.5

Feedback SLG I (1)-1   09.03.2015-20.03.2015

	1	2	3	4	5	6	7	8	9	10	Nennungen	Wert
4.1 Wie beurteilen Sie den militärischen Nutzen für die zukünftige Funktion?	0	0	1	1	2	2	4	18	21	9	58	8.3
4.2 Wie beurteilen Sie den zivilen/beruflichen Nutzen für Ihre beurfliche Funktion? (nur von Miliz-Of/-Uof auszufüllen)	0	1	0	2	1	5	3	29	13	4	58	7.8

Feedback SLG I (1)-2   01.06.2015-12.06.2015

	1	2	3	4	5	6	7	8	9	10	Nennungen	Wert
4.1 Wie beurteilen Sie den militärischen Nutzen für die zukünftige Funktion?	1	0	3	0	3	2	3	22	11	5	50	7.7
4.2 Wie beurteilen Sie den zivilen/beruflichen Nutzen für Ihre beurfliche Funktion? (nur von Miliz-Of/-Uof auszufüllen)	0	0	1	1	5	3	10	15	7	4	46	7.5

Feedback SLG I (1)-3   17.08.2015-28.08.2015

	1	2	3	4	5	6	7	8	9	10	Nennungen	Wert
4.1 Wie beurteilen Sie den militärischen Nutzen für die zukünftige Funktion?	0	0	1	2	5	4	15	26	23	3	79	7.7
4.2 Wie beurteilen Sie den zivilen/beruflichen Nutzen für Ihre beurfliche Funktion? (nur von Miliz-Of/-Uof auszufüllen)	0	1	2	1	3	7	13	30	10	3	70	7.4

Feedback SLG I (1)-4   02.11.2015-13.11.2015

	1	2	3	4	5	6	7	8	9	10	Nennungen	Wert
4.1 Wie beurteilen Sie den militärischen Nutzen für die zukünftige Funktion?	0	0	0	1	2	2	7	18	21	5	56	8.2
4.2 Wie beurteilen Sie den zivilen/beruflichen Nutzen für Ihre beurfliche Funktion? (nur von Miliz-Of/-Uof auszufüllen)	1	0	1	0	2	2	6	19	16	4	51	7.9

SWOT-Analyse Horizontal: Umfeld Vertikal: Logistikbrigade 1	Chancen – Opportunities • Führungskräfte sind gefragt • Technologie • Kommunikation und Soziale Medien • Anerkennung des Mehrwerts als Kader	Gefahren – Threats • Konkurrenz Bildungslandschaft (Angebote an Führungsausbildung) • Mehrwert der militärischen Ausbildung nicht anerkennen • Belastung aufgrund des erhöhten Engagements bei der Armee
Stärke – Strengths (+) • praktische Führungserfahrung • Arbeitsklima • Ausbildung zugunsten der Unterstellten • Bereitschaft, zu dienen	**SO-Strategie** 1. Verwendung v. Sozial Media und Schaffung von Of-Medien 2. Softskill thematisieren, Kultur weiter pflegen 3. neue Kommunikationsstrategie (Mensch/Team im Mittelpunkt)	**ST-Strategie** 1. Differenzierungsstrategie erarbeiten 2. neue Kommunikationsstrategie (Mensch/Team im Mittelpunkt)
Schwäche – Weakness (-) • Know-how und Wissenstransfer (Funktionswechsel) • Sinnvermittlung und Kommunikationsstrategie • Ausgewogenheit zwischen Ausbildung und Selbsttraining (Br Stab) • Effektivität bei Prozessen	**WO-Strategie** a) Mehrwert für die militärische Ausbildung klar kommunizieren b) Motivation und Bereitschaft zur Kaderausbildung fördern c) Erfahrungsweitergabe effizienter planen (Ressourcen und Prozesse)	**WT-Strategie** a) Minderung des Mehrwerts einer militärischen Ausbildung b) Senkung der Motivation (Einsatzbereitschaft)

Anhang 13: Befragung Trp Kö (Jahre 2014 - 2015)

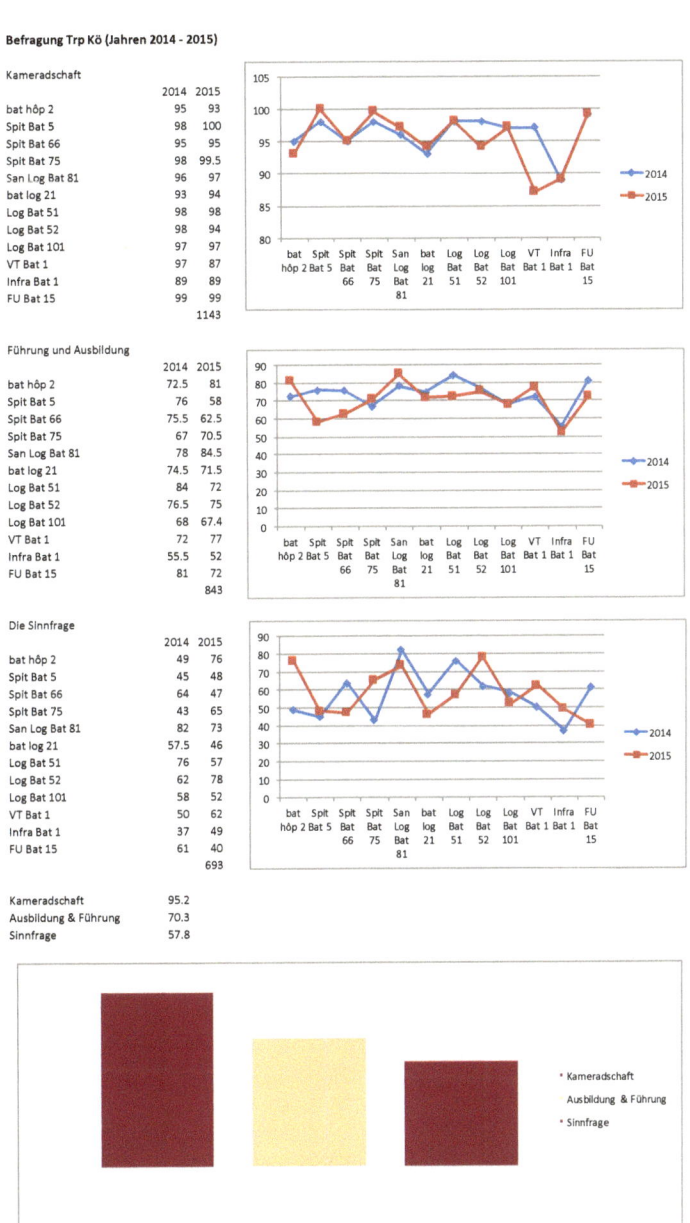

Befragung Trp Kö (Jahren 2014 - 2015)

Kameradschaft

	2014	2015
bat hôp 2	95	93
Spit Bat 5	98	100
Spit Bat 66	95	95
Spit Bat 75	98	99.5
San Log Bat 81	96	97
bat log 21	93	94
Log Bat 51	98	98
Log Bat 52	98	94
Log Bat 101	97	97
VT Bat 1	97	87
Infra Bat 1	89	89
FU Bat 15	99	99
		1143

Führung und Ausbildung

	2014	2015
bat hôp 2	72.5	81
Spit Bat 5	76	58
Spit Bat 66	75.5	62.5
Spit Bat 75	67	70.5
San Log Bat 81	78	84.5
bat log 21	74.5	71.5
Log Bat 51	84	72
Log Bat 52	76.5	75
Log Bat 101	68	67.4
VT Bat 1	72	77
Infra Bat 1	55.5	52
FU Bat 15	81	72
		843

Die Sinnfrage

	2014	2015
bat hôp 2	49	76
Spit Bat 5	45	48
Spit Bat 66	64	47
Spit Bat 75	43	65
San Log Bat 81	82	73
bat log 21	57.5	46
Log Bat 51	76	57
Log Bat 52	62	78
Log Bat 101	58	52
VT Bat 1	50	62
Infra Bat 1	37	49
FU Bat 15	61	40
		693

Kameradschaft	95.2
Ausbildung & Führung	70.3
Sinnfrage	57.8

177

Anhang 14: Broschüre (Beispiel)

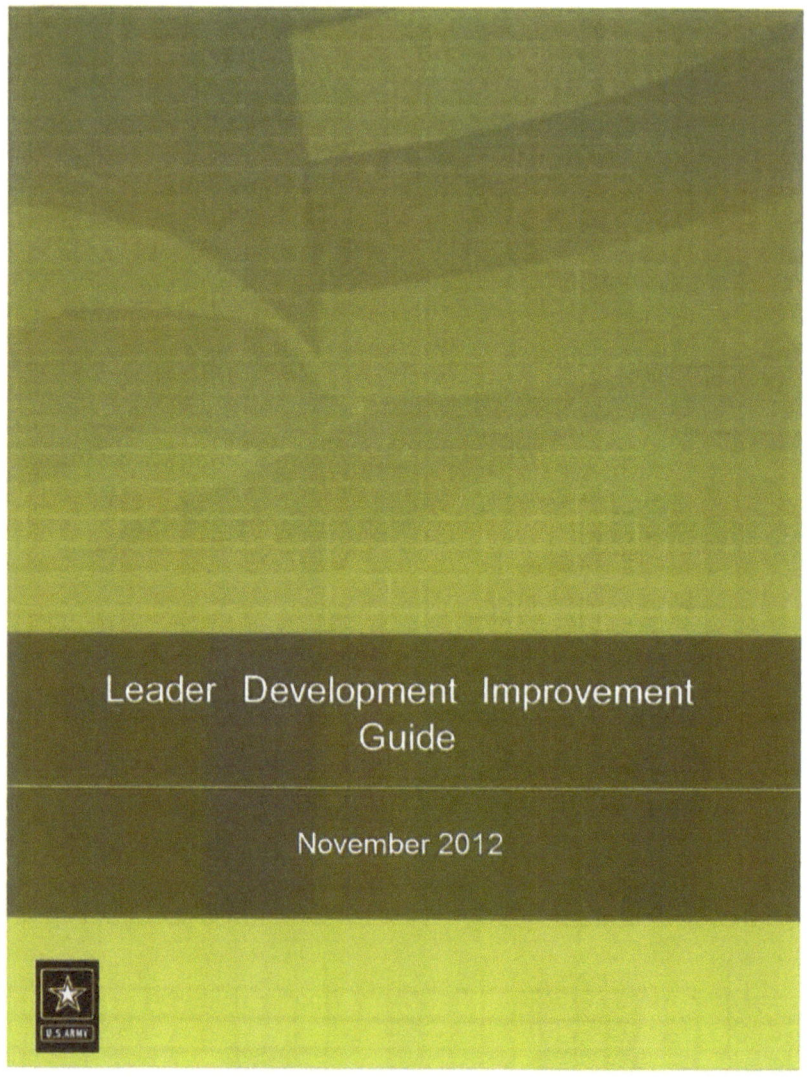

Die Broschüre kann auf folgende Adresse beantragt werden: Center for Army Leadership, Fort Leavenworth, USA, Kansas.

Anhang 15: Taxonomie

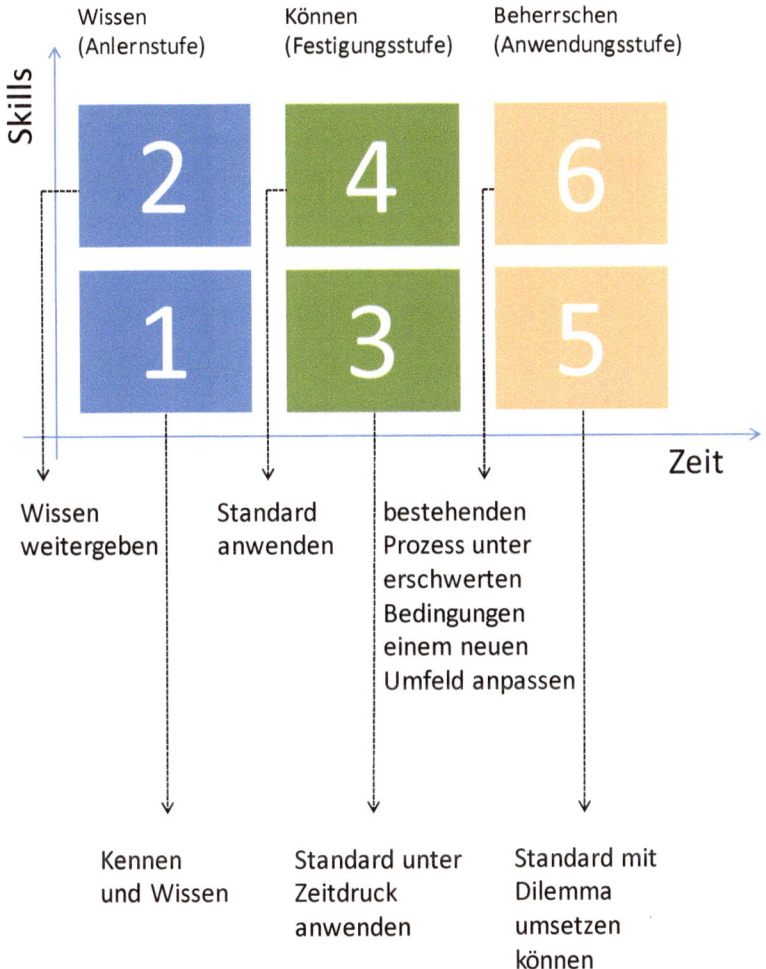

Anhang 16: Risikomanagement (Auszug)

		Risikoidentifikation
Nr.	Kategorie (Risiko)	Gefahr (Ursache)
1	Funktionswechsel	eingeschränkte Kontinuität, Verlust an Kohäsion und Minderung der Bindung an der Organisation
2	Menschengeneratio	Missverständnis zwischen Generationen, höheres Konfliktpotenzial, Reduzierung der Produktivität
3	Micromanagement	Befehlstaktik anstelle von Auftragstaktik, Verlust an Vertrauen und Reduzierung der Eigeninitiative
4	Prozesse	Verlust der Effektivität, Selbstzweck der Prozesse
5	Sinnvermittlung	Reduzierung der Wirksamkeit der Leadership-Bedürfnis-Pyramide
6	Softskills	Vernachlässigung der weichen Faktoren zugunsten der mehr fassbaren harten Faktoren
7	Stabsarbeit	Vernachlässigung des eigenen Trainings zugunsten anderer Aktivitäten (z.B. Vorbereitung von Übungen)
8	Stellenbesetzung	Mehrere Offiziere sind auch in einer wichtigen zivilen Funktion tätig (Schlüsselfunktionäre). Im Falle eines militärischen Aufgebots kann dies zu Friktionen führen
9	Technologie	Chance verpasst, die neuen Technologien (bspw. soziale Medien) wirksam einzusetzen, oder durch die rasante und dynamische Lageentwicklung den Anschluss verpasst
10	Vertrauens-/Fehlerkultu	Schwächung der Leadership-Bedürfnis-Pyramide, Minderung der Kreativität, Risiko der "Ich-Kultur"
11	Wissenstransfer	Reduzierung der Wirksamkeit und der Effektivität im Bereich der Wertschöpfung auf längere Zeit

Risikobeurteilung	
Auswirkung	**Massnahmen zur Risikobegrenzung**
Schwächung der Agilität und Reduzierung der Einsatzbereitschaft	Personalplanung: Kompetenzen (mil./ziviler Rücksack) gezielt berücksichtigen.
schwächere Produktivität und Verschlechterung des Arbeitsklimas	kann durch jährliche gezielte Ausbildungsschwerpunkte kanalisiert werden
Verlust von Innovation und Eigenverantwortung	ständige Überwachung (mittels direkten Feedbacks Führungsstil erwerben), Thematik der Autragstaktik im TK pflegen und im FDT prüfen
Der Mehrwert der Prozesse wird eingeschränkt (Schematismus)	klare Festlegung aller Prozesse inneralb der Log Brigade (Br Büro und Br Stab), Prozessrahmen vorgeben, messbare Indikatoren definieren
Einfluss auf die Resilienz und Antifragilität, keine Top-Leistung zu erwarten	direkter Einfluss des Kdt Log Br bei allen Diensten (TK, SK, Besuch Fdt), schriftliche Reaktion der Triologie Vision-Mission-Strategie
Die Auswirkungen werden erst in einer Krisensituation ersichtlich. Gemeint ist die Fähigkeit der Resilienz und der Antifragilität (Vgl. Nr. 5)	jährlich ein Thema der Führung bezüglich Softskills thematisieren, vorleben auf jeder Stufe (Feedback einholen)
Die Auswirkungen werden erst in einer Krisensituation ersichtlich. Gemeint ist die Fähigkeit der Resilienz und der Antifragilität (Vgl. Nr. 5)	mindestens 1 x jährlich Stabstraining für den Br. Stab vorsehen, alle bürokratischen, repetitiven Arbeiten dem Br Büro verlegen (prüfen)
reduzierte Einsatzbereitschaft bzw. Durchhaltefähigkeit der Brigade	Liste aller Offiziere (vgl. zivile/militärische Stelle) erstellen und lagegemäss personelle Konsequenzen eruieren (Schlüsselfunktionäre je nach Lage ändern), Identifikation der militärischen Schlüsselfunktionäre, Risiko durch Stv-Regelung reduzieren
Der Ruf und das Image der Log Br 1 als Einsatzverband ist beschädigt	Erarbeitung einer neuen Kommunikationsstrategie, Rapid-Response-Officer im Br Büro vorsehen
Die Auswirkungen werden erst in einer Krisensituation ersichtlich. Gemeint ist die Fähigkeit der Resilienz und der Antifragilität (Vgl. Nr. 5)	ständige Überwachung (mittels direkten Feedbacks Führungsstil erwerben), Thematik der Autragstaktik im TK pflegen und im FDT prüfen
keine oder geringe Progression im Bereich Leadership-Bedürfnis-Pyramide (in der Pyramide nach oben zu steigen, wird erschwert)	klare Festlegung eines Prozesses (Übernahme / Übergabe), gemeinsamen Austausch-Plattform vorsehen, geschlossene Social-Media-Plattform zur Diskussionsförderung vorsehen

Risikobewertung	Risikoüberwachen
Begründung der Risikobewertung	**Bewältigung**
VUCA-Welt	lagebezogenes Cockpit mit entsprechenden Indikatoren definieren
Kenntnisse über den Menschentyp sind eine Voraussetzung für eine wirksame Zusammenarbeit	lagebezogenes Cockpit mit entsprechenden Indikatoren definieren
Tendenz der heutigen Führungskräfte und der immer wichtigere Einfluss der Technologie (Erreichbarkeit)	lagebezogenes Cockpit mit entsprechenden Indikatoren definieren
Blindleistungen, Zeitverlust	lagebezogenes Cockpit mit entsprechenden Indikatoren definieren
wesentlicher Bestandteil der Einsatzbereitschaft	lagebezogenes Cockpit mit entsprechenden Indikatoren definieren
wird in der heutigen Situation zu wenig konsequent berücksichtigt	lagebezogenes Cockpit mit entsprechenden Indikatoren definieren
Grundauftrag (elg Stabsfunktion) wird vernachlässigt, Zusammenarbeit (im Stabsrahmen) zu wenig wirksam (Kernauftrag des Stabsof)	lagebezogenes Cockpit mit entsprechenden Indikatoren definieren
Aufgrund der Lage kann ein Funktionsträger matchentscheidend sein	Lagebezogenes Cockpit mit entsprechenden Indikatoren definieren
VUCA-Welt	lagebezogenes Cockpit mit entsprechenden Indikatoren definieren
Probleme zu lösen, braucht eine gesunde Basis, Kreativität und den Mut, sachlich zu bleiben. Freiräume und Auftragstaktik motivieren, im Gesamtrahmen zu denken und zu handeln	lagebezogenes Cockpit mit entsprechenden Indikatoren definieren
Langfristigkeit und Nachhaltigkeit können verbessert werden	lagebezogenes Cockpit mit entsprechenden Indikatoren definieren

Anhang 17: Prozessdarstellung

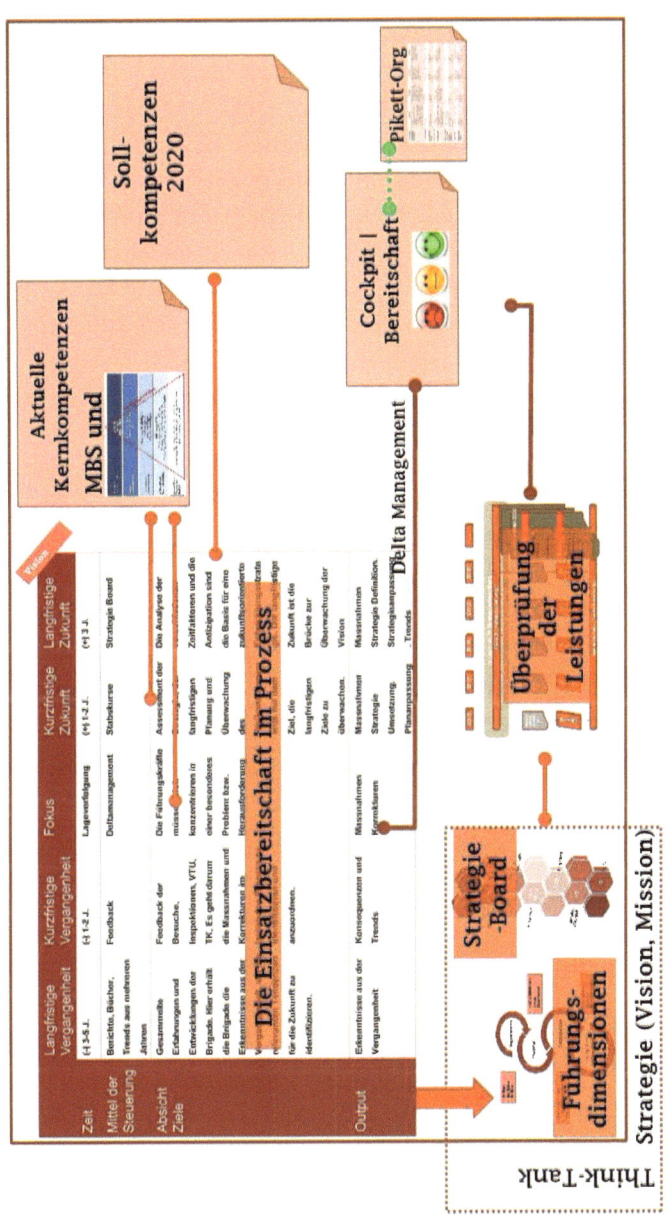

Kurzfassung

In der vorliegenden Master Thesis geht darum, dem Leser aufzuzeigen, wie mittels eines starken und zeitgemässen Leaderships die Einsatzbereitschaft einer militärischen Formation erhöht werden kann. Die wesentlichen Aussagen dieser Thesis beziehen sich auf ein modernes Leadership und dessen Umfeld und sind in sechs Thesen ausformuliert: Zur Erreichung einer höheren Leistungsfähigkeit ist eine nachhaltige Sinnvermittlung notwendig. Die zweite These besagt, dass die militärisch-zivile Vereinbarkeit davon profitieren kann. Das Verständnis der jeweiligen Menschen-Generation ist für das moderne Leadership ein wesentlicher Erfolgsfaktor, um die Einsatzbereitschaft erhöhen zu können. Die vierte These geht davon aus, dass die immer wichtigere Technologisierung unserer Gesellschaft auch wichtige Konsequenzen für das Leadership haben wird. Die sechste These geht davon aus, dass das Beherrschen der VUCA-Welt eine unverzichtbare Fähigkeit des Leaderships der Zukunft sein wird. Die letzte These befasst sich mit der Auftragstaktik und vertritt die Ansicht, dass diese auch in einer komplexen und sich immer schneller wandelnden Gesellschaft ihre Berechtigung haben wird.

Durch eine IST-/SOLL-Analyse werden die möglichen Unterschiede aufgezeigt. Danach wird angeführt, wie das zukünftige Leadership aussehen soll bzw. inwiefern es sich ändern muss. Die Ergebnisse der Analysen sollen dazu dienen, ein konkretes Vorgehen festzulegen, welches das Ziel verfolgt, die Einsatzbereitschaft der Logistikbrigade 1 zu erhöhen.

Vorsprung durch Leadership!

Carola Hartmann Miles-Verlag

Politik, Gesellschaft, Militär

Uwe Hartmann, *Innere Führung. Erfolge und Defizite der Führungsphilosophie für die Bundeswehr,* Berlin 2007.

Hans Joachim Reeb, *Sicherheitskultur als kommunikative und pädagogische Herausforderung – Der Umgang in Politik, Medien und Gesellschaft,* Berlin 2011.

Hans-Christian Beck, Christian Singer (Hrsg.), *Entscheiden – Führen – Verantworten. Soldatsein im 21. Jahrhundert,* Berlin 2011.

Reiner Pommerin (ed.), *Clausewitz goes global. Carl von Clausewitz in the 21ˢᵗ Century, Berlin 2011.*

Eberhard Birk, Winfried Heinemann, Sven Lange (Hrsg.), *Tradition für die Bundeswehr. Neue Aspekte einer alten Debatte,* Berlin 2012.

Holger Müller, *Clausewitz' Verständnis von Strategie im Spiegel der Spieltheorie,* Berlin 2012.

Angelika Dörfler-Dierken, *Führung in der Bundeswehr,* Berlin 2013.

Cornelia Fedtke, Kai-Uwe Hellmann, Jan Hörmann, *Migration und Militär. Zur Integration deutscher Soldaten mit Migrationshintergrund in der Bundeswehr,* Berlin 2013.

Torsten Konopka, *Afrikanische Wehrsysteme und ihre Entwicklung zwischen 1990/91 und 2011,* Berlin 2014.

Wolf Graf von Baudissin, *Grundwert Frieden in Politik – Strategie – Führung von Streitkräften,* hrsg. von Claus von Rosen, Berlin 2014.

Wolf Graf von Baudissin, *Der Widerstand. „… um nie wieder in die auswegslose Lage zu geraten…",* hrsg. von Claus von Rosen, Berlin 2014.

Marcel Bohnert, Lukas J. Reitstetter (Hrsg.), *Armee im Aufbruch. Zur Gedankenwelt junger Offiziere in den Kampftruppen der Bundeswehr,* Berlin 2014.

Arjan Kozica, Kai Prüter, Hannes Wendroth (Hrsg.), *Unternehmen Bundeswehr? Theorie und Praxis (militärischer) Führung,* Berlin 2014.

Angelika Dörfler-Dierken, Robert Kramer, *Innere Führung in Zahlen. Streitkräftebefragung 2013,* Berlin 2014.

Phil C. Langer, Gerhard Kümmel (Hrsg.), *„Wir sind Bundeswehr."* *Wie viel Vielfalt benötigen/vertragen die Streitkräfte?,* Berlin 2015.

Dirk Freudenberg, *Counterinsurgency. Aufstandsbekämpfung als Phase zur Überwindung schwacher Staatlichkeit und zur Etablierung des Aufbaus einer stabilen Nachkriegsordnung?,* Berlin 2016.

Alois Bach, Walter Sauer (Hrsg.), *Schützen.Retten.Kämpfen. Dienen für Deutschland,* Berlin 2016.

Dirk Freudenberg, Stephan Maninger, *Neue Kriege. Sicherheitspolitische Rahmenbedingungen, Mentalitäten, Strategien, Methoden und Instrumente,* Berlin 2016.

Jahrbuch Innere Führung

Uwe Hartmann, Claus von Rosen, Christian Walther (Hrsg.), *Jahrbuch Innere Führung 2009. Die Rückkehr des Soldatischen,* Eschede 2009.

Helmut R. Hammerich, Uwe Hartmann, Claus von Rosen (Hrsg.), *Jahrbuch Innere Führung 2010. Die Grenzen des Militärischen,* Berlin 2010.

Uwe Hartmann, Claus von Rosen, Christian Walther (Hrsg.), *Jahrbuch Innere Führung 2011. Ethik als geistige Rüstung für Soldaten,* Berlin 2011.

Uwe Hartmann, Claus von Rosen, Christian Walther (Hrsg.), *Jahrbuch Innere Führung 2012. Der Soldatenberuf zwischen gesellschaftlicher Integration und suis generis-Ansprüchen,* Berlin 2012.

Uwe Hartmann, Claus von Rosen (Hrsg.), *Jahrbuch Innere Führung 2013. Wissenschaften und ihre Relevanz für die Bundeswehr als Armee im Einsatz,* Berlin 2013.

Uwe Hartmann, Claus von Rosen (Hrsg.), *Jahrbuch Innere Führung 2014. Drohnen, Roboter und Cyborgs – Der Soldat im Angesicht neuer Militärtechnologien,* Berlin 2014.

Uwe Hartmann, Claus von Rosen (Hrsg.), *Jahrbuch Innere Führung 2015. Neue Denkwege angesichts der Gleichzeitigkeit unterschiedlicher Krisen, Konflikte und Kriege,* Berlin 2015.

Uwe Hartmann, Claus von Rosen (Hrsg.), *Jahrbuch Innere Führung 2016. Innere Führung als kritische Instanz,* Berlin 2016.

Einsatzerfahrungen

Kay Kuhlen, *Um des lieben Friedens willen. Als Peacekeeper im Kosovo,* Eschede 2009.

Sascha Brinkmann, Joachim Hoppe (Hrsg.), *Generation Einsatz, Fallschirmjäger berichten ihre Erfahrungen aus Afghanistan,* Berlin 2010.

Artur Schwitalla, *Afghanistan, jetzt weiß ich erst... Gedanken aus meiner Zeit als Kommandeur des Provincial Reconstruction Team FEYZABAD,* Berlin 2010.

Uwe Hartmann, *War without Fighting? The Reintegration of Former Combatants in Afghanistan seen through the Lens of Strategic Thought,* Berlin 2014.

Rainer Buske, *KUNDUZ. Ein Erlebnisbericht über einen militärischen Einsatz der Bundeswehr in AFGHANISTAN im Jahre 2008,* Berlin ²2016.

Standpunkte und Orientierungen

Daniel Giese, *Militärische Führung im Internetzeitalter – Die Bedeutung von Strategischer Kommunikation und Social Media für Entscheidungsprozesse, Organisationsstrukturen und Führerausbildung in der Bundeswehr,* Berlin 2014.

Dirk Freudenberg, *Auftragstaktik und Innere Führung. Feststellungen und Anmerkungen zur Frage nach Bedeutung und Verhältnis des inneren Gefüges und der Auftragstaktik unter den Bedingungen des Einsatzes der Deutschen Bundeswehr,* Berlin 2014.

Uwe Hartmann (Hrsg.), *Lernen von Afghanistan. Innovative Mittel und Wege für Auslandseinsätze,* Berlin 2015.

Fouzieh Melanie Alamir, *Vernetzte Sicherheit – Quo Vadis?,* Berlin 2015.

Hartwig von Schubert, *Integrative Militärethik. Ethische Urteilsbildung in der militärischen Führung,* Berlin 2015.

Uwe Hartmann, *Hybrider Krieg als neue Bedrohung von Freiheit und Frieden. Zur Relevanz der Inneren Führung in Politik, Gesellschaft und Streitkräften,* Berlin 2015.

Klaus Beckmann, *Treue.Bürgermut.Ungehorsam. Anstöße zur Führungskultur und zum beruflichen Selbstverständnis in der Bundeswehr,* Berlin 2015.

Florian Beerenkämper, Marcel Bohnert, Anja Buresch, Sandra Matuszewski, *Der innerafghanische Friedens- und Aussöhnungsprozess,* Berlin 2016.

Martin Sebaldt, *Nicht abwehrbereit. Die Kardinalprobleme der deutschen Streitkräfte, der Offenbarungseid des Weißbuchs und die Wege aus der Gefahr,* Berlin 2017.

Militärgeschichte

Peter Heinze, *Bundeswehr „erobert" Deutschlands Osten,* Berlin 2010.

Dieter E. Kilian, *Adenauers vergessener Retter – Major Fritz Schliebusch,* Berlin 2011.

Ingo Pfeiffer, *Gegner wider Willen. Konfrontation von Volksmarine und Bundesmarine auf See,* Berlin 2012.

Dieter E. Kilian, *Kai-Uwe von Hassel und seine Familie. Zwischen Ostsee und Ostafrika. Militär-biographisches Mosaik,* Berlin 2013.

Peter Heinze, *Berliner Militärgeschichten,* Berlin 2013.

Ingo Pfeiffer, *Seestreitkräfte der DDR,* Berlin 2014.

Ulrich C. Kleyser, *Lazare Carnot. "Le Grand Carnot". Ein Charakterbild,* Berlin 2016.

Eberhard Kliem, Kathrin Orth, *"Wir wurden wie blödsinnig vom Feind beschossen". Menschen und Schiffe in der Skagerrakschlacht 1916,* Berlin 2016.

Eberhard Birk, *"Auf Euch ruht das Heil meines theuern Württemberg!". Das Gefecht bei Tauberbischofsheim am 24. Juli 1866 im Spiegel der württembergischen Heeresgeschichte des 19. Jahrhunderts,* Berlin 2016.

Eckhard Lisec, *Der Unabhängigkeitskrieg und die Gründung der Türkei 1919–1923,* Berlin 2016.

Hans Frank, Norbert Rath, *Kommodore Rudolf Petersen. Führer der Schnellboote 1942–1945. Ein Leben in Licht und Schatten unteilbarer Verantwortung,* Berlin 2016.

http://www.miles-verlag.jimdo.com